孩子青春期

家长怎么办

青春期

木紫 著

团结出版社

图书在版编目（ＣＩＰ）数据

孩子青春期家长怎么做 / 木紫著 . -- 北京 : 团结
出版社 , 2021.8（2025.6 重印）
ISBN 978-7-5126-8508-6

Ⅰ.①孩… Ⅱ.①木… Ⅲ.①青春期 - 家庭教育 - 教育心理学 Ⅳ.① G78

中国版本图书馆 CIP 数据核字 (2020) 第 262488 号

责任编辑：张　茜
封面设计：夏　至

出　　版：团结出版社
　　　　　　（北京市东城区东皇城根南街 84 号　邮编：100006）
电　　话：（010）65228880　65244790（出版社）
　　　　　　（010）65238766　85113874　65133603（发行部）
　　　　　　（010）65133603（邮购）
网　　址：http://www.tjpress.com
电子邮箱：zb65244790@vip.163.com
经　　销：全国新华书店
印　　装：天津盛辉印刷有限公司

开　　本：145mm×210mm　32 开
印　　张：9.25　　　　　　　字　　数：221 千字
版　　次：2021 年 8 月 第 1 版　　印　　次：2025 年 6 月 第 4 次印刷

书　　号：978-7-5126-8508-6
定　　价：42.00 元

|引言|

从来没有哪个时代像现在这样，如此关注孩子的成长。

从来没有哪个时代的父母像现在这样心焦：青春期孩子太让人头疼了。

伴随着时代的进步，我们的教育越来越专业化，但是家有青春期孩子的父母却越来越焦虑。由此我发现了一个问题，那就是很多父母其实并不了解青春期，也不懂青春期叛逆是怎么回事。

从父母的角度来看，因为不懂青春期孩子独有的生理、心理特点，面对他们独具特色的青春期行为，就难以把握教养的分寸。一些父母还会不理性地把青春期叛逆跟"不懂事""学坏""叛逆"联系到一起，自以为是未雨绸缪，实则是给自己下绊子，无形中搞糟了和孩子的关系，使教育陷入僵局。

要想成功地完成青春期教育，父母应该先做一下功课，了解青春期孩子的身心特点，懂得青春叛逆不是单个人的行为，而是整个群体都会出现的现象，而且正常情况下不会逾越法律的界限，只是在常理的范围内闹腾。青春期叛逆具有阶段性，有人曾经用疾病不治而愈的自限性来比喻青春期的自限性。青春期的各种表现，叛逆、乖张、暴躁、迷茫、消沉、轻狂、懵懂等，发展到一定程度，持续一段时间后，会自动停止，整个人会重新变得明媚和谐。

　　但是，青春期的孩子如果得不到父母理解、尊重，甚至被父母误解，在不良的校园环境、社会环境的影响下很容易出现各种成长问题也就是"非青春期叛逆"，比如厌学、逃学、早恋、偷盗、参与群殴等。所以说，青春期的危机不是来自孩子的青春期叛逆，而是来自孩子的"非青春期叛逆"，而后者与青春期不适当的教育紧密相关。

　　怎样才能做好对青春期孩子的教育工作呢？

　　那就需要家长"知己知彼"，本书正是一本针对青春期孩子身心特点，为家长"建言献策"的实用手册。

| 目录 |

第1章 青春期教育有个好开始：先搞清叛逆是怎么回事

第2章　青春期的孩子有话说：细解最常见的几个叛逆点

第4章　青春期成人范儿：扛起肩头的责任

第5章　用支持表诚意：尊重孩子走向独立

第 7 章　美好的初恋：懂性欲知爱情，控制好自己

1

青春期是从儿童到成年的过渡期，青春期的孩子从儿童的队伍走出来，还没进入成人的行列，近似于成人的外形里包裹着的是一颗不成熟的心，而偏偏他们又觉得自己长大了。当他们觉得自己的成人感不被接受、不被理解、不被认可、不被尊重的时候，就要彰显自我，挑战权威。在一些成人的眼里，他们很"叛逆"了。

01 父母都想搞懂：青春期的孩子为什么会叛逆

一提起张宁，校园里没人不知道。优等生、爱学习、不贪玩、成绩好，是老师嘴里的"某某班的同学"，家长嘴里的"别人家的孩子"。同学说，张宁就爱学习，对玩不感兴趣，谁挑战得了？！可是最近，张宁不学习了！一放学，就去操场打篮球，玩嗨了，才回家！他还私自退了妈妈给他报的英语补习班。妈妈问他为什么退了补习班，张宁的理由很简单："我不想补习！"儿子态度坚决，妈妈只有听从了。

最让妈妈想不到的是，一向好脾气的儿子，竟然和同学吵架了，还扔掉了同学的笔记本。同桌跟张宁借笔记本带回家去看，张宁虽然想到明天下午测验，还是借给他了。但是叮嘱同学明天早晨一定要还给自己，自己好利用上午的时间复习一下。可是，同桌偏偏就忘了，张宁很生气。当同桌把自己的笔记本递给张宁时，他接过对方的笔记本，很用力地摔到地上。同桌大叫："这么猛，发神经了啊！"

导致青春期叛逆的心路历程

孩子进入青春期后，一改往日的温顺、合作，变得大胆、不听话。父母叹气："孩子进入青春期后，叛逆了。"

什么是叛逆？从字面来理解，就是反叛的思想和行为，忤逆正常的规律。青春期的孩子会有违抗父母的意愿、与正常的做法相反、做出出人意料的事情、和大人对着干、挑战规则和权威、莫名其妙地发脾气等表现。于是，大人觉得孩子叛逆了。

面对孩子的叛逆行为，有的父母会担心，担心孩子会做出高危行为，伤害到他人或者触犯法律。其实，青春期孩子的叛逆情绪、行为不会逾越法律的界限，只是在常理的范围内闹腾，这是青春期叛逆的鲜明特点。父母如果教养得当，孩子身心健康发展，没有不良表现，那么，到了青春期，即使孩子叛逆，父母也大可放心。

有人曾经用疾病不治而愈的自限性来比喻青春期的自限性，青春期的各种表现，叛逆、乖张、暴躁、迷茫、消沉、轻狂、懵懂等，发展到一定程度，持续一段时间后，会自动停止，整个人又重新变得明媚和谐。

但是，在这个过程中，基于青春期的性格特点，如果青春期的孩子一旦得不到父母理解又遇到不良的外界环境影响，很容易出现各种成长问题，比如厌学、逃学、早恋、偷盗、参与群殴等。所以，人们会说，青春叛逆期是个危险期。

有人问，青春期，一定会叛逆吗？答案是肯定的。只不过叛逆的程度不同而已。

青春期是一个内心充满了矛盾的剧烈变化的阶段，来自身体、心灵、社会的相互的影响导致青春期的孩子内心冲突比较多，可能孩子自己都被搞蒙了。青春期的孩子想要内心平衡，他们处理好这些矛盾的心情很迫切，他们努力探索，试图看清身体的变化、心理的成长，可惜能力不够，看不清楚，他们着急、焦躁、痛苦，内心处于一种极度不平衡的状态。

在一定的时期内，对青春期的孩子来讲，如果得不到身边人的理解，甚至还要承受来自各方面的压力，他们的内心会有很强的挫折感，外显行为显得不友好、不合作、蛮横、执拗。在大人看来，如此的不听话、无理取闹、和父母对着干，就是叛逆。这样的叛逆对青春期的孩子来讲意味着成长。

什么激发了青春期的孩子的叛逆行为

谁都不愿意把叛逆当成一个鲜明的标签贴到青春期的孩子身上，但是，父母或者青春期的孩子自己一定要知道青春期为什么会叛逆，是什么激发了青春期的孩子的叛逆行为。

1. 身体发生变化后，内心疑问多、压力大

孩子进入青春期后，第一性征开始发育，性功能显现，女孩开始排卵，男孩开始遗精。青春期的孩子的第二性征开始出现，男孩快速长个、长肌肉，体毛变得浓密，胡须显现、喉结突出，说话的时候嗓音低沉，有的男孩面部还会长痤疮和粉刺。女孩呢？第二性征的变化就更多更大了！乳房发育，身形、体态趋向于成熟女性的风采，身上长出阴毛和腋毛，出现了月经初潮。

生理上的巨大变化以及由此引发的各种疑惑给青春期的孩子带来了较强的心理冲击，接受的过程中难免心情烦躁，如果控制不住发泄出来，会让人感觉脾气怪、猜不透。

2. 对抗自己的心理不成熟

进入青春期后，在性激素的作用下，第二性征迅速发育，外形变化大，他们觉得自己已经是成年人了。"成人感"主导着他们要按着自己的意愿去做事，不愿意再受父母限制。可是，他们不具备成人的心理成熟度，思想幼稚、对他人的依赖性很强，真要行动起来置身情境中又无法做出成熟、理智的行为。

认为自己是大人却不能像大人那样做事，这样的感受让他们很受折磨。他们不甘心、不想向外界的阻拦屈服，不断地为自己争取做事的机会，以各种方式表达自己的独立，不接受父母的帮助也不听父母的劝告，在大人眼里很固执，有点"逞能"。

3. 外界还是拿他们当小孩，干涉、不理解、不信任

当青春期的孩子从小学生的行为模式里脱离出来后，他们不

断地争取独立、自主，而且以很高调的形式表达了出来。他们坚持按着自己的意愿做事，不会什么事情都跟父母商量，父母给出的建议不再是他们心中的"金科玉律"，倒成了他们极力要打破的"陈规陋习"。

如果父母认识不到孩子已经长大，不更新教育方法，还停留在和小学生相处的模式里，孩子觉得父母不理解自己，会很失望。他们为了争取父母的信任和尊重，必然反抗。

周末，李欢欢要和同学们去郊游，需要带食物。李欢欢列了个清单给妈妈，让妈妈帮忙采购。妈妈看了一下采购清单，营养价值不高，就私下里按着自己的意愿买了。买回来后，女儿看了采购的食品，没有几样是按自己要求买的，很生气。要知道，采购清单里面有好多是同学喜欢吃的，不买，到时候同学怎么想？李欢欢纳闷，妈妈怎么就不能按着自己的心思去做事呢？

02 父母最该明白：叛逆是不成熟的表现

儿子放学回家，妈妈问："儿子，晚饭吃什么？"妈妈觉得，先征求儿子意见，他就不会以"怎么老吃这个"为理由，扔下筷子走人，饿了再叫外卖。儿子说："我吃什么都行！"然后，进了自己房间。妈妈炒了儿子喜欢吃而这几天没吃过的菜，红烧茄子、卤蛋、清蒸鲈鱼。

晚餐开始了！

儿子从房间出来，看了看桌子，伸出了筷子，妈妈想，大概还算满意，今天可以好好吃一顿饭了。谁知，儿子盛了碗米饭夹了些菜，一声不吭地端着回房间了。妈妈不理解儿子的做法，一家人围坐桌前吃饭，多美好啊？他怎么就非得自己去吃呢？妈妈想把儿子喊出来，爸爸制止了。

内心很矛盾，不成熟

青春期是儿童期和成年期的一个衔接，是孩子从幼稚走向成熟的过渡阶段。在这个阶段里，如果父母不理解孩子的另类表现，给予惩罚和斥责，会很容易激起孩子的逆反心理。青春期的孩子很叛逆，主要叛逆对象是父母，或者老师等身边的养育人。

叛逆的反义词是拥护。拥护是对正确行为的保护和支持，是一种成熟的行为。父母是孩子行为的引导者，百分之百为孩子好，孩子应该拥护，即使父母有错，也该平静地指出来。为什么会叛逆呢？因为青春期的孩子心理不成熟。

青春期的孩子心理上的不成熟，具体表现为：

1. 特别渴望独立，但又很依赖父母

青春期的孩子有了"成人感"后，就觉得自己长大了，对自

己的要求也提高了。他们要表现出一个独立的大人的样子，于是处处以大人的标准要求自己。事实上呢，他们的内心很虚弱，处理问题的能力又不高，缺乏社会经验，遇到事情，心里没底，不由自主地就渴望父母的援助。

2. 渴望社会交往，又很自闭

当孩子进入青春期后，随着学习能力、生活能力、自主能力、自控能力的增强，自我评价较高，自尊心增强。他们不愿意把自己的想法跟人说，表现出了性格中闭锁的一面。但是受生命发展内驱力的影响，为了实现社会化进步，青春期的孩子又特别渴望和人交往，希望有知心朋友可以倾诉心事。这样的心理特点，是不是很不成熟呢？是不是很矛盾呢？

3. 情绪不稳定

青春期的孩子体内性激素的分泌明显增加，为此，男孩好斗、容易冲动；女孩容易担忧，遇到事情放不下。青春期的孩子大脑神经系统的抑制与兴奋功能出现了不同步，也就是兴奋功能较强，导致了青春期的孩子遇到刺激比较容易兴奋。同时，大脑前额叶发展相对滞后，不能很好地控制自己的情绪和行为，难免会冲动，自我反省后，情绪低落。

4. 把现实理想化

青春期的孩子的现实感很弱，毕竟他们没有真正地去社会上打拼，对社会的认识还停留在理想化的水平。当他们与现实接触，感受到主观愿望与客观现实不一致时，失落的感觉会让他们很无助。有的孩子甚至因为遭遇了失败而一蹶不振。

5. 有了性渴望后，要遵守性道德

青春期的孩子有了性的渴望后，很好奇，想实施性行为。但是，受社会道德的影响，他们必须克制住心底的欲望。有的孩子对

这一点很不理解，觉得不公平。大部分孩子有了自慰行为后，受传统文化的影响，事后心理波动很大，觉得自己学坏了，心理压力很大。有的孩子自慰后，不断地在控制和控制不住之间徘徊，搞得心情很糟糕。

帮助青春期的孩子：走向成熟

青春期的孩子的成长任务就是走向成熟，进而成为一个尽可能完美的成年人。如何实现这一点呢？

1. 支持孩子去完成"自我同一性"任务

著名的心理学家埃里克森把人生分成 8 个阶段，从出生到老年每个阶段都有其成长和发展任务。第五个阶段，12 ~ 20 岁是青春期，这一阶段是童年向成熟迈进的重要转折点。青春期的孩子会反复思考"我是谁""信守什么""将来会怎么样"。在这个年龄段里，青春期的孩子必须建立基本的社会和职业同一性，达到个人内部状态和外部环境整合协调一致，否则他们就会对自己成年的角色感到困惑。

如何实现这样一个成长目标呢？概括来讲，孩子除了要接受学校教育、参与一些社会活动外，在家里，还需要有尽可能多的机会展现自我，提高生活技能。父母要接纳孩子的不成熟，不和孩子较劲，在确保安全的前提下给孩子更多的自由，帮助孩子经历爱与限制。在这个过程中，孩子看懂自己，看清自己的当下和未来。

2. 以去理解的态度面对青春期的孩子

即使前一秒孩子还在反抗父母的决定，要过独立的生活，自由地去飞翔，下一秒就来问："这次旅行，是坐飞机还是坐高铁更方便？"父母也不要惊讶，青春期的孩子就是这样容易高估自己的独立水平。

　　不管青春期的孩子多么坚定地认为自己已经长大了，他们内心深处都在挣扎。他们想做事，能力不够；明明想和同学和好，却张不开口；他们向往未来，对自己的认识却不够，不知道自己是个什么样的人。所以，他们要探索，要参与到生活的方方面面中去。

　　这是青春期的孩子的一个成长状态，在走向身心和谐的过程中，他们要彰显自己的个性，对不符合自己价值取向的内容，会毫不客气地拒绝。与外界接触的过程中，不管青春期的孩子多么叛逆，父母都要和孩子站到一起，让孩子感受到自己不是一个人在跟青春期做斗争，这样就不会孤独，更不会走向消极！

03 青春期成长危机：进入了问题爆发期

王艳君迷上了用手机追剧，一集一集地看，欲罢不能。尽管每次都是眼看着作业写不完了，可还是控制不住看剧的热情，她太享受那种一口气看完多集的酣畅淋漓的感觉了。对王艳君来讲，花费大量时间看剧的结果就是学习成绩亮了红灯。

虽然每次看剧后都会后悔，提醒自己不能熬夜了，这样太影响第二天学习。但每当有新剧，王艳君还是要追。控制不住自己，想把手机交给妈妈保管，又舍不得。王艳君很苦恼，因为与追剧一起变化的除了睡眠，还有学习成绩。

判断青春期的孩子处于高危期的五个特征

危机是一种情境，青春期的孩子一旦进入这种情境中，未来就可能面临某种消极事件导致的危险后果。青春期是危机事件的多发期。

2015 年，一项由荷兰莱顿大学对 200 多名 8 ~ 27 岁的被试做的研究表明，青少年在这个年龄段对危险活动的兴趣很高涨，大脑的奖励受体迅速发展，放大了青少年对多巴胺的反应。青春期的孩子恰恰处在这个年龄段里。

进入青春期后，相当一部分父母在担心孩子会不会学坏、能不能有一个有潜力的未来。为此，他们辗转反侧。这样的难题也引发了心理学界的关注，毕竟及早地干预、预防，可以把青春期的孩子从高危状态中解救出来。著名的心理学家家族麦克沃特一家四口提出了判断青春期的孩子高危的 5C 标准，能够帮助青春期的孩子的父母随时随处地做出判断。

1. 关键的学校适应能力

父母都希望孩子好好学习，掌握所学知识。孩子们所学的科学知识，是对客观事物及其运动变化规律的真理性认识，表现为系统化的知识体系。孩子们好好学习，努力掌握知识，掌握了学习技能，就会具有良好的自我效能感，能够积极应对挑战，这样未来他们就可能成长为一个努力进取、有前途的人。

研究显示，危机学生一个很明显的特征就是在学业上没有成就。如果父母发现自己的孩子不愿意学习，不热爱校园，对老师、同学抱有成见，逃避学习，不能按时完成作业，上课不专心听讲，考试分数很低等，就该想办法改变了。因为以上情况，预示着孩子可能正处于不同程度的危机状态。

2. 自我概念和自尊

自我概念，即一个人对自身存在的体验，包括一个人通过经验、反省和他人的反馈，逐步加深对自身的了解。自我概念由态度、情感、信仰和价值观等组成，贯穿于整个生活经验和自我行动中。

自尊是个体对自我概念的评价，是对感知到的自己拥有的品质的评价。其实质是个体是否喜欢所认识的这个自己。

研究表明，青春期的孩子的自我评价和他们的行为表现之间具有高相关。当一个孩子总是把失败的结果归因于自己不够聪明、不受欢迎、能力不够等不可控因素时，他们就会变得消极，在消极的行为过程中，逐渐形成消极的态度、价值观，导致低自尊、自我感觉不好，就会做出破坏性或者违规、犯法的事情。

3. 交往状况

青春期的孩子的交往状况反映了他们所具有的人际技能的水平，主要包括：与他人沟通的能力、情绪管理能力、解决人际问题的能力。如果青春期的孩子社会交往方面有缺陷，那么，发生心理问题的概率更大，成为少年犯、辍学、被欺凌和做出其他各种危机行为的可能性也更大。

4. 处理麻烦的能力

青春期的孩子闹心事不少，压力很大，有来自生理方面的，也有心理成长方面的，还有人际交往方面的、学习方面的等等。青春期的孩子需要一改往昔的天真烂漫，开始理性思考人生了。如果青春期的孩子不具备科学处理麻烦的能力，就会逃避或者让自己陷入焦虑情绪，甚至会对未来不会有积极的期待。

5. 自我控制能力

当问题出现时，青春期的孩子需要拿出解决的办法来，控制好事情的发生与发展，否则，他们将对自己的生活缺乏控制感。

举个简单的例子，在当天所学知识还没有掌握的情况下，有人邀请自己去游泳，去还是不去呢？虽然游泳也有利于成长的很多方面，但是功课当前，理应先完成当下更紧迫、更重要的学习任务，然后再安排时间游泳。然而有的孩子就控制不住自己，放下作业就去了。

有效地进行预防、干预

任何一个出了严重问题的孩子，比如吸毒、逃学、欺凌、同居等，都经过一个只是出现小问题的阶段。一个孩子接触了吸毒的同伴、多次不完成作业、从小攻击性强等，都预示着成长过程中可能会发生危机行为。

如果父母及时捕捉到孩子行为中的不良表现并给予早期干预，或者说提早就进行预防，那么，这个孩子就不会陷于危机当中去。

1. 危机能预测，预防早进行

危机是一个连续体，从遥远的间接危机到临近的直接危机，是一个不良行为发展的过程，或者说好行为蜕变的过程。真正的好父母并不是想当然地觉得自己的孩子不会出问题，而应预防孩子出问题。当下的孩子所处的生态环境很复杂，尤其青春期的孩子获得了更多的自由，受外界影响的机会更多，父母要时刻关注孩子的行为倾向，避免一失足成千古恨。

举个例子，乔军力生活在和睦、幸福的家庭里，没有经济压力，也不用担心父母离婚，各个方面都处于一种良性发展的态势。但是，父母仍不敢松懈，他们觉得青春期的孩子内心充满了矛盾，很容易叛逆，因而对孩子的关注更密切了。

乔军力经常邀请同学来家里玩，在这里，孩子们能够自由地释放自己的情绪。不管是抱怨还是诅咒，父母听到后都不会觉得他们不正常。孩子们也不觉得乔军力的父母妨碍着自己，也很愿意和他们聊天，就这样，乔军力的父母如愿获得了他学习生活的第一动态。班里转来一位新同学并成为了焦点人物，乔军力的父母在第一时间知道了这个情况。

乔军力的父母见到这个新生后，确定这不是个普通的孩子。后来知道，这个学生来自不幸福的家庭，父母离异后跟父亲生活，虽然继母对他很好，但是他依然很叛逆。父母叮嘱乔军力不要盲目模仿他的衣着和行为，更不要做学校、父母禁止的事情，但可以真诚地跟这个孩子交往。一年以后，有几个孩子因为跟这位新生混在一起上网、游逛，耽误了学习，导致成绩下降。而乔军力没有被影响。

2. 出现低危行为，尽早干预

任何一个处于高危阶段的孩子，都有一个跨越低危的时期。

没有哪个孩子是天生的"坏孩子"。当孩子有了变坏的苗头，及时干预会很有效果。研究显示，一个在小学阶段就经常和同学发生纠纷、打架斗殴的孩子，到了中学阶段发生过失行为、反社会行为的概率更高。

如何干预？这是一个需要用心才能解决的事情。如果父母足够懂教育，分得清哪些是危机表现，懂得家庭、学校、社会是如何影响孩子，孩子是如何陷入危机当中去的，那么，问题就好办了。在教养孩子上，父母愿意花时间去学习和改变，就能看清一个事实：每一个问题和危机因素都可能导致其他的问题和危机，低危行为，尽早干预，孩子才能健全地成长。干预的方法要根据孩子的危机表现，具体问题具体对待。

3. 永远不要放弃孩子

对家长来讲，放弃不是对孩子放任不管，而是对孩子不再怀有期待。当有的父母心中产生或者嘴里说出"这个孩子没有前途了"这样的话的时候，孩子就会捕捉到这个信息，从而会自暴自弃。父母的放弃行为，是教养过程中极其不负责任的表现。对孩子来讲，知错就改就是好孩子。

青春期的孩子高危状态的常见特征有：攻击性行为问题、自我控制力差、缺乏社会技能、焦虑等。对于高危的孩子，即使找到了推动孩子进入高危状况的外在因素，父母也要把主要关注点放在孩子自身的消极态度、消极情绪和消极行为上。从改变生活环境、促进社会交往、提高学习技能、改变个体认知等多个角度入手，来提高孩子的社会适应性。

○4 不可忽视的"非青春期叛逆"

这里有两个孩子，看他们的表现，以及父母的教养方式，很能启发人。

杨洋读初二，不爱学习，偶尔会逃课；父母不在家的时候，会通宵上网玩游戏；假期里，会偷偷去酒吧喝酒、唱歌。对此他的父母虽有了解，但觉得孩子青春叛逆期到了，会有张扬的表现，就没有跟学坏联系起来。所以，他们只是在口头上提醒杨洋要好好学习。直到有一天，杨洋因为参与一起集体强奸案被公安局传唤，父母才觉得事儿大了。

张浩是一名初三年级的学生，是公认的"学霸"，已经被确定保送母校高中班。按着惯常的升学率估算，高考时，张浩能顺利进入一所名校。但是最近张浩不在状态了。他常常羡慕那些不学习的同学，他们每天打球、玩游戏、侃大山，想怎么样就怎么样，日子过得有滋有味。而自己，每天苦巴巴地学习，打个篮球还得计算着时间，生活太枯燥了！父母发现了儿子的变化，不再过多关注他的学习，而是安排儿子去旅游、运动、看电影。没多久，张浩的学习劲头就又回来了。

区分好"非青春期叛逆"与青春期叛逆

之所以有那么多父母对青春期这个成长阶段有恐惧情绪，是因为他们觉得一旦孩子行为离谱，如果不严加管教，就可能学坏。万一管教不及时，孩子失去学业，进了"少管所"，后果不堪设想。这类对青春期过于敏感的父母需要对青春期叛逆和"非青春期叛逆"的表现做个清晰的界定，不然，可能会出现教育失误。

在青春期，并不是所有的不正当、不合作、不上进的行为都是青春期叛逆，就像案例里杨洋的行为表现，就不能单纯地归因于青春期叛逆。为了区分青春期叛逆，暂且把这类出现在青春期的关乎品行的、对未来可能造成危险结果的行为，称为"非青春期叛逆"。这类孩子的行为如果没有得到及时干预，孩子就会处于危险当中。

案例中张浩的行为表现就是典型的青春期叛逆。他受同龄人影响，因而"去个体化"了，才产生了厌学情绪。他在父母的关心下，释放了内在不良情绪后，又回归到了爱学习的孩子的行列里。

"非青春期叛逆"与青春期叛逆有着本质上的不同，可通过三个方面来判断。

1. 是否关乎品质

青春期一定会叛逆，这种叛逆是由成长阶段的特点决定的，青春期是从儿童到成年的过渡期。青春期的孩子告别了儿童的幼稚、对成人的依赖，却没有形成成人的成熟、自律，"两不是"的不确定性会导致行为上的不稳定。但是只要孩子在良好的环境中成长，就能跨越这个阶段，进入成年人的行列。

"非青春期叛逆"的表现不是正常发展，可能是在"学坏"或者已经"学坏"了，孩子品质发展出现了问题，如果父母不及时管教，纠正孩子的错误认识，那么，孩子可能会成长为一个对自己、对他人、对社会有危害的人。

2. 单个行为还是整体现象

青春叛逆不是单个人的行为，而是整个群体都会出现的现象。而"非青春期叛逆"只是某个个体的特别表现，是另类的、不当的行为方式。

3. 是否长期受到不当教养方式影响

"非青春期叛逆"的表现看似与青春期叛逆雷同，实则更离谱。"非青春期叛逆"的表现是孩子在不正当教养方式下成长，导致人格发展出现偏颇，其不良行为会波及品质养成。如果父母不及时改变教养方式，给予孩子正确的爱和管教，孩子真的可能学坏。

在 20 世纪 70 年代早期，弗雷德·斯特莱特曾做过一项研究，对象是 12 ~ 18 岁的年轻人，研究者让这些处于青春期的孩子们在描述完自己的家庭关系以后，回答问题。家庭关系描述范围有四个选项，包括：很亲密、有点亲密、不亲密、根本不亲密。这些青春期的孩子所回答的问题涉及对学校的态度、是否服用过毒品、是否有性行为、对教堂的态度、精神健康状况和受同伴的影响等。

最后得到一个很重要的结论：那些自认为家庭关系不亲密的孩子，大多数时间都不快乐；经常感到生活令人厌烦；愿意做让人们感到震惊的事情；经常感到生活与其他大多数人相比更缺少乐趣；很少感到与人有亲密关系；不关心在学校的成绩；对宗教信仰和道德训练不在乎；感觉自己没有受到良好的教育；对自己上大学的事不抱希望；报告自己会跟同伴一起服用毒品、喝酒和犯罪。

如果孩子有如上 10 种表现中的一种或者几种，父母就要引起注意了，查看自己的教养方式是否有问题。如果父母眼中的孩子懒惰、蛮横、粗暴，还接触过毒品，没有长远的人生目标，过一天算一天，那么，家庭教育方式、父母的行为方式一定有问题。父母除了自我反省外，还要学习专业的家庭教育知识，以帮助自己提高教养认识，改变教养方法。对于问题较为严重的孩子，不要等待，积极请专业的心理咨询师帮助，制定有针对性的教养方案，引导孩子积极改变。

面对叛逆行为，父母该怎么做

关于青春期的孩子犯罪，这里有一项调查数据。20 世纪 50

年代，青春期的孩子犯罪率只占刑事犯罪率的 10% ～ 18%。改革开放之后从统计数据来看，犯罪率呈现上升趋势，1988 年的青春期的孩子犯罪人数比 1987 年增加了 31.9%；1992 年，17 岁以下的未成年犯罪人数大约为 15 万人，相当于 1984 年的两倍多；2010 年，已抓获的青春期的孩子罪犯人数为 287978 人，占刑事罪犯的比例为 41.94%，大约为 2001 年的两倍。时至今日，青春期的孩子犯罪率在刑事犯罪率中所占比率一直居高不下，维持在 40% 左右。可以说，青春期是犯罪的高发期。一旦发现孩子的行为并非青春期叛逆，要积极干预。

1. 先确定叛逆的性质

家有青春期的孩子，如果他们有叛逆行为，父母首先要分析，对孩子的叛逆行为做出判断，看是青春期叛逆还是"非青春期叛逆"。对于青春期叛逆，父母给予尊重，理解和接纳他们的不容易，同时预防发生危险行为。而"非青春期叛逆"则需要根据问题的性质适时干预，以免引发严重后果。

2. 对待青春期叛逆的原则

青春期的孩子要独立，彰显自我，不接受父母控制，那么，父母就尊重他们的需要，不干涉他们的事情，但是，这并不是说，就不管孩子了。他们没有长大，缺乏社会经验，内心深处还很依赖父母，渴望父母的支持。父母要默默地关注孩子，如果在他们真正需要帮助的时候，真诚地伸出援助之手，他们就会很感动。孩子犯了错误，父母不讽刺、打击、谩骂，而是和孩子站在一起，承担后果。

只要父母足够真诚，站到孩子的角度思考问题，孩子就会向父母敞开心扉，接受父母的管教。

3. 对待"非青春期叛逆"的原则

父母看到孩子的行为正在偏离正常发展轨道，要"学坏"了，一定很着急。这时，父母一定要注意不能打孩子也不能骂孩子，心中坚信自己的孩子还是好孩子，只是有错误需要改正。父母既要密切关注孩子当下的表现又要查找孩子"学坏"的因素，实施干预。

05 孩子发发小脾气，最好别较真

杨晓晓的朋友开车来接他，晓晓跟妈妈说："妈妈，我们和几个朋友去海边玩，住两天，就回来。"妈妈不放心，但是没全力阻止。妈妈当时想：孩子觉得和朋友在一起很安全，如果管束他，惹恼了他，他人走了还一气之下关机，那样岂不是更担心吗？

妈妈只是说："没有大人一起去，妈妈很担心！"晓晓说："妈妈，我会注意安全！每两个小时给您打一次电话！"看着儿子坐的车扬长而去，妈妈又为自己没有全力阻止儿子而后悔，儿子虽然有了些主意，但是，他还是容易受到诱惑。妈妈开始懊恼，刚才应该阻止儿子离开。

就这样，儿子离开两天，妈妈纠结了两天。

"安全阀机制"：适度疏通孩子的情绪

叛逆是青春期的孩子成长过程中常见的表现，虽然外人看到的是孩子一言不合就发脾气；父母要他这么做，他偏要那么做……破坏了和谐的氛围，但是这个过程，有利于青春期的孩子认识自己，促进青春期的孩子成长。

青春期的孩子要想成长得好，需要看清自己的生理状况、心理特征以及与他人的关系，对自己有个客观的评价，在此基础上完善自我品质。

如何确保孩子顺利地度过青春期，不仅是孩子的成长目标，也是父母的养育目标。有足够多的研究显示，欺凌、意外伤害、谋杀、自杀等事件的发生，与家庭环境紧密相关。父母敢于跟孩子对抗，允许孩子适度发泄情绪，更利于建立民主型的亲子关系。

社会学家科塞认为，要建立释放被封闭的敌对情绪和进攻性情绪的制度，即"安全阀制度"。

父母和子女之间存在着深厚的感情，这种感情可能会使子女之间趋向于压抑冲突而并非爆发冲突，而这种压抑的、不爆发的情绪会慢慢积累，造成"敌对情感"的积累，这种情感的积累会使冲突的爆发更加激烈。

社会学家科塞将冲突分为两种，一种是现实性冲突，这种冲突是为了获得特定结果的手段，目的在于追求没有得到的目标，当找到了更有效的实现目标的手段，这种手段就会被抛弃；还有一种是非现实性冲突，这种冲突是由原初的、不允许表达的现实性冲突转化而来，此时的冲突是为了释放紧张状态，通过进攻行为产生满足感，这种冲突无法被替代，它只是目的而非手段。

青春期的亲子冲突与非现实性冲突有关联。源于叛逆性情绪的亲子冲突一旦被压抑，就会转化成非现实冲突，给双方带来一种莫名其妙就吵起来了的感觉，而且双方都不知道为什么吵，亲子双方都觉得对方不可理喻，这样的冲突不好平息。

父母增强亲子交往的灵活性，允许内部一定范围内的"有限冲突"来维护群体的关系，即在敌意积累的过程中允许敌意的部分爆发或对其进行疏导，这相对于等到敌意积累到无法挽救、大爆发时才采取补救措施，更能减少伤害性。

也就是说，孩子平时发个脾气，跟父母较劲，违抗父母的意愿，父母容忍了，结果不但不影响亲子感情，反倒避免了亲子大冲突、孩子离家出走、辍学等大的反抗性行为的发生。

用好"安全阀机制"

当孩子有叛逆表现时，父母要想孩子不被进一步激发，就要耐心跟孩子相处，走进孩子心里，试图去理解孩子的苦与痛，接纳他们情绪上的"小爆发"。当孩子的情绪释放出来，情绪缓和，他们就会看清父母的支持和苦心，也会去理解和包容父母的情绪。

1. 要先解决"非青春期叛逆"问题

"非青春期叛逆"的问题是大是大非的原则性问题，会影响到人格发展，这类问题越早解决负面影响越小。

父母一定不要采用高压的方式解决问题，那样的话，孩子口服心不服，改不了错还会把事儿闹大。当孩子的脾气上来时，我们不跟他对抗，允许他把情绪发泄出来。亲子之间因为某个问题发生"语言战""辩论战"，没什么不好，就事论事，还能活跃思维。

2. 不要害怕分歧、冲突

孩子到了青春期和父母在思想观念上出现对立和不一致是常有的现象。不要害怕辩论和冲突，从冲突论的角度来看，冲突有利于关系的维护与巩固。冲突检验了对抗者双方的权利关系，有利于双方建立一种权利平衡的关系。

比如，穿衣打扮，父母想孩子穿得大方、得体一些，孩子却偏偏要穿流行款或者暴露款，如果父母坚持改变孩子，就会为此发生冲突。在这个过程中，父母要认识到青春期的孩子具有"表现自己的个性，给父母看"的特点，孩子所表现的，也不一定就是孩子内心所想。其实孩子，会把父母的穿衣标准放在心里，随着他穿衣风格走向成熟，在管理自我形象的时候会很自然地把父母的意见考虑进去。

对于负责任的父母来讲，冲突发生后，他们一定会反思自己的行为，搞懂孩子的心理，这是利于亲子交往的好事。父母不要害怕和孩子发生分歧，遇事要抱着探寻孩子行为发生机制的心态，这样更易于接受孩子的"反常"行为。

06 他们的身心常常处于不平衡状态

今天早晨，妈妈没有喊儿子起床。儿子起来后，发现时间不够了，黑着脸问妈妈："你怎么不喊我一声呢？"妈妈惊讶得瞪大了眼睛："你不是想周末睡懒觉吗？上周你还因为这个发火了，难道忘了？"儿子说："可是，我今天有事情啊！"妈妈暗自叫苦，你有事情，没跟我说，我怎么知道？

身心发育不平衡，导致认知和行为上的偏差

青春期是从孩子到成人的一个转接期，在此期间，孩子要经历很多的变化，身体上的、生理上的、心理上的，内容很多，变化也很大。青春期的孩子接受、理解这些变化就已经够累了，他们还要承受不小的学习压力，还要发展生活技能，以便于放下对父母的依赖进入真正独立的成人期，他们的压力可想而知。

孩子进入青春期后，男孩最明显的变化就是个子变高、肌肉变结实、脸型轮廓变清晰、嗓子变粗，看起来更有男子汉的气魄。女孩除了个子长高外，身材变得窈窕、凹凸有致，皮肤变光洁。当男孩越来越有男人样儿、女孩越来越有女人样儿的时候，在生理方面，他们的性器官发育也成熟了。男孩开始遗精，女孩开始月经初潮。青春期的孩子拥有了如此多的成人要素，成人感也会变强烈。他们觉得自己长大了，可以像父母那样自主决定自己的事情，如果父母、老师以及身边的人不尊重他们的独立意识，限制他们的行为，他们就会反抗。

实际上，他们却不够成熟。青春期的孩子心理发展的速度要远远落后于生理发育速度，他们思想不够成熟、不自立、情绪控制力差。这种认知上的偏差必然导致行为上的偏差，在判断、选择失

误后，他们很受伤，因此感到自卑，情绪波动很大。

为了让身边人高看自己一眼，佐证自己的"成人感"，他们会挑战一些超过自己能力范围的事情、故意做出父母不主张的事情。这在父母看来，很幼稚、很莽撞，但当他们竭力阻拦孩子的时候，会招来孩子的反抗。

别跟孩子较劲

对于青春期的孩子来讲，叛逆只是成长过程中的一个自然而然的表现，和 3 岁前宝宝哭闹、尿裤子，和小学生特别听老师话一样，都是成长的表现，父母无须紧张，也不要跟孩子较劲。

1. 支持孩子独立

青春期的孩子已经不是那个父母让怎么样就怎么样的小孩子了。他们有主意了，有自己的价值判断了，父母要尊重他们的想法。

如果父母沿用以往的教育方式，替孩子做主，青春期的孩子一点都不逆反，那么，孩子可能没有自己的想法，也不想着独立。这样的情况，反倒不利于孩子成长。成长是一个亲子走向分离的过程，这个过程带有某种程度上的情感挣扎，任何一方一如既往地黏着对方，都不是独立的表现。

父母支持孩子独立，尽量少干涉孩子的行为。变天了，孩子仍然穿 T 恤，父母可以提醒，但却不能强迫他再加一件衣服。做事情时，即使父母看出了孩子的想法不合时宜、很幼稚，提出来后他不听，只要不是原则性问题，就可以随他心意。成长是个体验的过程，不断地体验将铸就孩子的成熟。

2. 必要时，给予指导

无论在学习上还是人际交往上，或者未来发展方面，青春期的孩子似乎很排斥父母的管教。实际上，他们又特别需要父母的指导和帮助。

不管青春期的孩子多么叛逆，这只是成长过程中的一个行为表现，比如向父母发脾气、挑战父母的规则，这些父母都不必在意。但是，如果叛逆行为影响了人格塑造、价值观形成，甚至伤及他人等，父母就不要姑息，而是要严肃对待。

举个例子，当孩子放学后，跟同学出去玩，没有按规定的时间回家。父母除了要指出孩子行为方式的不当外，还要重申规矩，告诉孩子，放学后按时回家，有特别情况，事先和父母商量。

对孩子提出这样的要求，既是对孩子的爱护和尊重，同时也是培养孩子对父母的尊重。

07 父母先要走出迷茫，孩子才会不迷茫

有位妈妈说，我儿子最近迷恋上了篮球，除了练球、打校际比赛，还到处寻找姚明各个时期的照片，这占用了很多时间。一个月以内，他已经有三次没有完成家庭作业了。照这样下去，肯定会耽误学业。妈妈警告了儿子几次，根本不管用，而且险些搞僵亲子关系。怎么办呢？妈妈感觉好苦恼。

面对青春期的孩子，父母绝不能迷茫

当孩子步入青春期后，陷入迷茫的不光是孩子，还有父母。孩子迷茫很正常，这是青春期成长的特点，随着心智发展，他们会逐渐成熟起来，看问题越来越清晰，就能走出迷茫，拥有成年一样理智的大脑。大人如果迷茫的话，教不好孩子，那才危险呢。

1. 教养知识缺乏

信息时代，社会的方方面面变化都很快，孩子受到的影响也很大，他们已经不是像父母小时候那样的孩子了，如果父母在教育孩子的时候再延续自己接受的教养方式，冲突会很多。

举个简单的例子。现在，如果父母给孩子一些零花钱，让他周末去看场电影，他可能直接去网吧了。孩子在网吧里是不是一定会看电影，也很难说。

孩子的世界变得丰富，父母的思维就要活跃起来，才不会被孩子隔离出他的生活圈子，才能很好地沟通。

很多父母之所以会延续父辈的教养方式，就在于他们教养知识匮乏，在教养孩子的问题上思考太少，处理教养问题的时候，拿起就用的还是前辈的方式。当这样的做法搞不定当下的孩子，他们就迷茫了。

2. 不懂青春期的孩子

个体变化模型指出，青春期的孩子的成熟或潜能发展破坏了他们与父母之间关系的稳定性，青春期的孩子的变化引起了家庭中亲子关系的变化。

与青春期的孩子相处，不同于以往，继续沿用以往的保护和细心照顾的方式已经不行了。青春期的孩子已经走向独立，他们渴望自己处理自己的事情，很多父母看不到这一点，在他们眼里孩子还是小时候的样子，于是，就有了各种不放心、不放手，搞得孩子很烦。情况严重的，孩子会为了"争夺行为权利"而顶撞父母，我行我素。

3. 莫名地担忧

父母关心孩子是个永恒的主题，但是，要掌握个度。如果让孩子觉得莫名其妙，效果就不好了。

这里有个例子。嘉怡感觉妈妈怪怪的，老问一些不着边的问题。妈妈会问："你们班有吸毒的吗？"嘉怡回答："我哪里知道啊！"而且周末的时候，嘉怡要去同学家玩，步行也就 20 分钟，可是妈妈坚持要送她去，并且要去同学家里坐一坐。

妈妈这么做的理由是，女儿虽然个子长高了，但社会经验不足，然而她面对的诱惑太多了，一旦拒绝不了，将会酿成终身的遗憾。比如，万一被网友骗、吸毒了或者和男生发生关系了，这对女孩来讲都是输不起的。但父母这么对孩子，是不是很让孩子没面子呢？父母的这份不自信来自于对自己教养能力的不自信。孩子所处的环境会有危险，父母要尽可能地给予孩子保护，但是，最终决定孩子是否学坏的因素还是个体本身，父母只要努力把孩子培养成一个人格健全、有自控力的人，防范工作就做好了。

这几点做好，父母就有底气了

面对五彩缤纷的外界环境，家有涉世不深的青春期的孩子，父母感到无助和担忧很正常，要想不陷入这种迷茫情绪当中，父母就要走对教育的路，给予孩子正确的教养，培养好孩子的品质，让孩子拥有足够的自我管理能力。

1. 培养责任感

孩子只有从现在开始学习控制自己的行为，为自己的生活负责，将来才能为自己的未来负责。无论在学习，还是在处理家里的事情上，如果孩子肯付出、想努力去做好，这表现出来的就是一种负责的态度。

在青春期，如何培养孩子的责任感？先要从最基本的内容开始，努力学习、管理好自己的日常生活，多做对自己、对家庭、对社会有益的事情。

2. 有爱心，讲道德

青春期的孩子成长过程中可能会犯一些小错误，比如，偶尔没完成作业、忘记倒垃圾、见到心仪的物品一次性花光了所有零花钱等。这都没什么，提示一下，以后注意就好了。如果孩子面对大是大非的问题，能够做出正确的选择，就说明孩子道德建设没问题；如果孩子能够帮助他人，有同情心，说明孩子爱心建设没问题。

爱心是道德的基础，是人格发展的核心内容，到了青春期，父母仍然要关注孩子的爱心培养，不做伤害他人的事情，多做有益于他人的事情。

3. 尊重父母

所谓尊重父母，就是时时刻刻顾及父母的感受，尽可能让他们开心，不给他们添麻烦。父母的生日，第一时间送礼物表达祝贺。闲暇时，帮父母做一些事情。不做让父母担心的危险的事。这些事情看似简单，做周全了却需要用心。

如果青春期的孩子能够做到即使不能接受父母的建议，也不和父母顶撞，那么，一定就很尊重父母了。

4. 努力交友

青春期是发展社会关系的重要阶段，在这个阶段，没有体验到朋友的支持、感到孤独或者被孤立的孩子，会觉得自己是多余的，很伤自尊心。

父母要支持孩子交友，给孩子创造交友的机会。参加假期夏令营、兴趣班，邀请班里同学来家里玩，参加同学生日会等，都是结识朋友、发展友谊的好方法。

08 永远的情感连接

有这样一个故事，一个孩子因为学习成绩的事情和父母吵架了，夺门而出。他听着肚子的咕噜声、走在行人寂寥的马路上，随着夜色渐深他的体力越来越差，到后来，几乎是一步一挨。他有点想家了。

他往家的方向看看，此刻家里一定是暖意盈人啊！妈妈炒的美味的菜肴已经端上桌了吧？今天会吃什么水果？火龙果？因为昨天是西瓜，前天是苹果，今天该吃火龙果了吧！往常的这个时间，家人享受完了美味，就坐在沙发上，一边品尝水果，一边聊天、看电视。

他感觉幸福在向自己招手呢！要不就回去？可是，那多没面子啊！此刻，多么希望父母来喊自己回去！可是，父母怎么知道自己在这里呢？不知不觉地，他往回走了。快到小区门口的时候，他看到爸爸、妈妈的身影了，看得出，他们很焦急，他加快脚步，跑向父母，一起回家了。

青春期的安全感来自：巩固、升级情感连接

有一个词，人们特别熟悉，也特别重要，叫作安全感。宝宝出生以后的两三年里，是否建立起了安全感将决定宝宝未来的成长和发展。安全感为什么这么重要呢？因为安全感有助于宝宝和妈妈建立起亲密的情感纽带，从而在此基础上建立起和这个世界的亲密、信任的关系。

情感纽带，指的是人与人之间形成的一种亲近的人际关系。我们也习惯于称为情感连接。这种情感的发生以喜欢和信任为基础。而亲子之间的情感连接因为有着天然的骨血关系，就更得天独

厚了。宝宝和妈妈的情感连接一出生就开始建立了。

宝宝出生以前，和妈妈是一体，出生以后，他们会主动寻找妈妈带给他的"来自于子宫里"的感觉，妈妈给予积极的哺育和回应，情感连接就建立起来了。

对于抚养者来讲，宝宝脱离母体后，第一重要的事情就是细心呵护宝宝，让宝宝感觉到像生活在母体里一样舒服、安全、自在。宝宝出生以后，妈妈需要及时满足宝宝的生理、精神需要。这样感情纽带会越来越牢固。即使到了两三岁，宝宝已经意识到自己和母亲是两个不同的个体，也会觉得父母爱自己，自己是妈妈的宝贝。宝宝不断地感受到被爱、被尊重、被鼓励，有利于建立起自尊和自信。

即使亲子之间有了好的情感连接，到了青春期，父母仍然要巩固和发展亲子关系，让孩子在安全的感觉中前行。

根据 2015 年《神经认知科学》杂志上发表的一项对于 23 名青少年的研究发现，从 15 岁开始与父母变得亲密的青少年大脑中负责冒险行为的中枢激活较少，在 18 个月后也更少采取行动。

如何巩固、发展情感连接

青春期的孩子已经长大，他们获取安全感和感受父母关爱的方式已经不再像婴幼儿时期那样，通过生理需要的即时满足、父母的及时拥抱和关注来实现，而是通过得到父母的尊重、理解和支持来实现。那么，父母该怎么做，才能让青春期的孩子感受到来自父母的爱与关怀呢？

1. 一定不要触及孩子的痛点

青春期的孩子特别渴望周围环境的认可，当他们的做法遭到父母反对的时候，他们会很生气。为了维护自己的尊严，他们会固执己见，甚至会一条道走到黑。

所以，和孩子在一起的时候，父母要顾及孩子的痛点，不要揭短，开玩笑式的讲述也不可以。只要孩子进步了，过去的负面性事件就不要再提，激发起孩子逆反的情绪，反倒不好了。要记住，时间可以抹平一切。

2. 关键时刻，帮助孩子立界限

青春期的孩子社会交往比以前更广泛，除了同学以外，各个行业各个年龄段的人都有可能接触到，而他们的社会经验却有限，好奇心强、自我控制力却不高，为了不让孩子陷于危机当中，父母要给孩子立界限。

什么样的界限呢？

也就是与孩子的道德、品质紧密相关的，能够说明孩子是什么样的人的内容。

举个例子。孩子吸烟了，父母表明立场，青春期的孩子不可以吸烟，然后就告诉孩子为什么不可以吸烟。以后，孩子再吸烟，就要告诉他，他的行为越过了行为界限。

3. 建立专属的"温馨时刻"

亲子之间在一起的特别时光，对父母来讲，是一个向子女表达爱的好机会。对子女来讲，是一个向父母倾诉烦恼、表达心声的好机会。在亲子之间专属的"温馨时刻"里，父母放下了生活和工作的繁杂，轻松地和孩子在一起，爱意浓浓。

父亲或者母亲和一个孩子单独在一起的时光，听起来没什么特别的，但是置身其中，却有一份特别美好的感觉。孩子会觉得这是专属于自己的时间，是父母特意为自己准备的，是对自己的重视与爱，自己值得父母这么做，决不能辜负父母的爱。

父母和孩子在一起，即使不聊特别的内容，也足以带给孩子触及心灵的感动和放松，他们会放下对父母的戒备，主动说出心里话。平时，他们心中有了不愉快的事情，会好好保存着，留着在专属的"温馨时刻"向父母倾诉。

2

青春期的孩子有话说：
细解最常见的几个叛逆点

当孩子不听话、发脾气、任性、闹情绪和父母对着干时，父母不要烦躁，更不要主观地下论断，耐心点，听听孩子的心里话，搞懂他们另类行为背后的成长欲望。理解了他们的不容易后，就更容易接纳他们的叛逆表现了。

01 凭什么剥夺了我的"话语权"

放学回家，妈妈跟周云说："周日上午，林阿姨要出门，她女儿来咱家，你陪她玩半天！"周云听了妈妈的话，心里很不痛快。妈妈又私自安排自己的时间，太霸道了。周云很生气地说："我周日跟同学约好了，去弄头发啊！"

妈妈想说服女儿："你这头发不长啊！怎么又去弄？"周云说："陪同学啊！"妈妈说："你小时候，我加班，一直都是林阿姨带你，你在人家吃在人家住。现在，该你报答一下人家了！"

周云说："可是，我跟同学约好了啊！"妈妈说："去给同学打个电话，告诉她明天去不了了。"周云说："我自己的时间，我自己支配。你没有经过我同意，就答应了！你自己去吧。你记着点，我有话语权。"

"话语权"背后的苦与痛

提到话语权，有种特别高大上的感觉，仅从字面上理解，话语权就是说话权、发言权，即说话和发言的资格和权利。青春期的孩子心目中的话语权，就是表达自己心声的权利。在家里，对于自己的事情，他们要说出自己的想法，表达自己的意愿。对于家里的事情，他们希望获得发言权，能够畅所欲言而不被忽视。这样的待遇让他们有一种被尊重感。

青春期的孩子为什么那么在意话语权呢？

家庭成员之间主要通过语言表达的方式交流思想、增进感情、处理家庭事务。在家里，孩子有表达权意味着孩子有家庭地位。孩子拥有话语权体现了父母对孩子的尊重，符合孩子的独立愿望，有利于亲子关系的发展。孩子养成主动发言的习惯，有利于增强独立性。

　　有的父母看不到青春期孩子的倾诉愿望，大人说事情的时候，不给孩子说话的机会，于是，孩子去网络上发泄了。"网聊"给了孩子尽情表达自己的机会，在虚拟的世界里，他们的自我获得了充分展现，找到了聊得来的"网友"，为此爱上了网络。

　　孩子的表达欲望在网络上获得满足后，网络成了他们心中的真实世界，现实倒变得虚幻起来了。他们不愿意和父母聊天。这时，父母着急了，想跟孩子沟通，孩子却不理他们！他们不知道孩子在想什么。

　　父母想跟孩子聊聊，孩子一两句话就把他们打发了。他们觉得和父母没什么可聊的！父母却觉得孩子很叛逆，不愿意和自己聊。孩子想说的时候，父母不给机会，甚至斥责孩子乱说话。孩子感受到了家庭地位的不平等，在父母面前就闭上了自己的嘴巴，兴趣被同龄人吸引。当孩子有了另外的途径满足沟通欲望后，就失去了和父母沟通的兴趣，父母的沟通欲望却变得更强烈。

在家里，让孩子感受到自己拥有"话语权"

　　在家里拥有"话语权"的孩子更愿意向父母敞开心扉，他们的表达欲望被接纳、被重视以后，就会觉得父母尊重自己，从而愿意和父母沟通，而不会给父母一张冷脸。那么，父母怎么做才能让孩子感受到自己的话语权被尊重呢？

1. 让孩子说了算

　　父母不要觉得孩子有说话的机会，就是拥有了话语权。孩子的事情他们自己能说了算，父母愿意听从他们的意见，那才是有了话语权。

　　举个例子：一整天，肖凤都特别不爽，昨天告诉妈妈买内裤，要颜色深点的，可是，妈妈还是买的粉色的。肖凤已经扔掉了好几条粉色内裤了，实在太难洗了。每月生理期，不小心弄脏，不管怎么用力洗，都会留个印，太难看了。深色的，就会好些。可是，妈妈一点都不理解自己的心情，还是买回了两条粉色内裤。

2. 避免"暴力沟通"

当孩子有了心事，他们很想向父母倾诉。为什么最后不跟父母说了呢？就是因为父母无视孩子的痛苦，习惯于评论和说教，孩子感受不到来自父母的支持，就不愿意说了。

对孩子来讲，训诫、命令、呵斥、吼叫犹如打在身上的巴掌，对解决问题毫无帮助。当孩子觉得跟父母说也没用的时候，即使心里苦，也不愿意跟父母说了。

3. 尊重孩子的话语权

只要孩子想说，父母就要给他说的机会。在孩子说的过程中，父母耐心倾听，接纳孩子的观点，孩子就会感觉很舒服。当孩子的想法不够现实的时候，父母要耐心给孩子分析一下，而不是直接否定。这么做既尊重了孩子的话语权，也满足了孩子依赖父母的心理，更利于提升孩子的分析能力，孩子接受起来也就比较容易。

02 考名校和爱父母，有什么关系呢

从上学的时候起，父母就开始给张平画饼了：好好学习，考大学。为了实现这个大目标，父母不停地给孩子设置小目标，实现了，就会给予奖励。父母还会向爷爷奶奶、姥姥姥爷汇报张平的学习状况，看到他们咧着嘴大笑，张平也特别开心。

可是，自从升入中学以后，即使考了高分，张平也高兴不起来。那天，他发现了一种特别好吃的冰淇淋，"味道超赞"，于是，他就趁着放学的时候，买了5个，以最快的速度送到了奶奶家。奶奶最爱吃冰淇淋了，他想让奶奶尝尝鲜。可是，当奶奶看到张平满头大汗的样子的时候，迎面就来一句："哎呦，我的好孙子，吃冰淇淋我自己可以买啊！你好好学习，将来考个名校就是孝敬我了！"

那一刻，张平仿佛掉进冰窟窿一样，从脚冷到了头。从小到大，自己都努力学习，会因为考了高分能让长辈开心而自豪，也会因为考了低分而觉得对不起长辈。今天，张平突然怀疑长辈把名校挂在嘴上，是否真的是爱自己的表现。

考名校和爱父母是两码事儿

任何一个处于求学阶段的孩子，到了中学阶段考虑未来发展时，都不会排斥考大学。这是一件自然而然的事情，对他们来讲，上一所自己喜欢的大学继续深造是理所应当的梦想。期间，父母给予鼓励或者帮助孩子规划未来的发展方向，孩子也会很欢迎。可是，就是有那么一些父母，喜欢让孩子用考名校的行动来表达对父母的爱。

他们有意无意地表达自己多么辛苦，多么努力地赚钱，而赚

钱是为了给孩子创造好的生活条件，用这种方式"绑架"孩子。他们会直接说出对孩子有多么大的期望。他们还会旁敲侧击地说同事或者朋友家的孩子多么懂事，多么体谅父母的辛苦，希望孩子也能够为父母着想，好好学习，考个好大学。如果孩子成绩不理想，父母就觉得孩子愧对了自己，孩子没有良心，言语间流露出对孩子的不满意。

小的时候，孩子很在意父母的评价，在他们的喜乐里充满了父母的喜乐，父母希望孩子努力学习，他们就会努力。当孩子一天天长大，自我意识不断发展，他们忽然觉得，父母把亲子之间的情感跟自己的学习捆绑起来，这让自己很受伤。难道自己成绩不优秀、考不上名校，就是不爱父母吗？

孩子报答父母的养育之恩是与生俱来的情怀。小的时候，宝宝会说："妈妈，我长大了给你雇四个保姆。一个做饭，一个陪你聊天，一个洗衣服，一个给你开车。""妈妈，有我呢，没人敢欺负你！"虽然孩子长大了不再说这样的话了，但是他们会以自己的行动来表达对父母的爱。比如，帮父母做一餐饭、干一些家务、陪父母聊天、去探望祖辈等。

父母的鼓励能够带给孩子学习动力，让他们更爱学习。但是如果把学习和孝顺父母、报答父母的养育之恩联系起来，会给孩子带来很大的压力，对此，他们可能会逆反，导致厌学、辍学。

做孩子的情感支撑

青春期的孩子心理并不是很强大，又面临着多方面的压力，他们期待父母在情感上给予支撑，陪伴他们渡过青春危险期。如果父母不懂这些，一味加压，成为孩子的另一个压力源，孩子可能因此绝望、厌世，对生活失去信心。

1. 父母要减压而不是加压

在孩子面前，父母不要说带有压力的话。比如：

"某某同学上次考试，比你低 10 分，这次分数比你还高，你自己想想吧！"

"现在社会竞争多激烈啊，你不努力，就得和你爸妈一样，做低收入的工作。咱家要改变面貌，全靠你了！你也为你老爹老娘考虑考虑啊！"

"拼爹，咱拼不过人家，那么，你就得努力呗！"

孩子没考好，本来就烦，父母还这么说，他们更烦了，能不反抗吗？关键是，这样的话，对孩子提高成绩没有半点好处，反而搞砸了亲子关系。

孩子需要释放压力，父母要学会给孩子减压。减压方式很多，比如全家人一起出去散步、旅游、野餐、看电影，或者创造机会让孩子和同学聚一聚。父母不要把孩子的业余时间安排得太满，给孩子阅读的时间、看电影的时间，等等。

2. 必须明确：孩子为自己努力

当今社会竞争激烈，孩子要想将来有出息，成为出类拔萃的人才，努力是第一因素。父母可以用孩子能够接受的方法激发孩子努力，但是一定不要从情感上"绑架"孩子。每个人都是为自己努力，为自己努力动力会更强、更有成就感。

父母要相信自己的孩子，大部分青春期的孩子已经确立了或者正在寻找自己的人生目标。为了实现目标，他们在努力学习。对此父母不要轻易提要求，而应默默观察，在深入理解孩子自己的目标和期待后，在关键时刻，帮助孩子一把，这样孩子会很感动。

03 父母怎么什么都管

王研给小姨打电话，请小姨跟妈妈好好沟通沟通，请妈妈别什么事情都管。小姨问：“你妈妈都管你什么事情了？”王研说：“哎，什么都管。我买什么颜色内衣、我出门坐几路车、同学生日买什么礼物、零花钱都干什么用了、玩的什么游戏等等，我妈什么都管，别提多难受了，我都想离家出走了。”小姨问：“你想要你妈妈什么都不管你吗？”王研说：“不是的，就是别管那么多。我能搞定的事情，他们就放手呗。大事情，妈妈指点一下，我当然高兴啊。”小姨点点头，说：“好，我跟你妈沟通一下，让她注意一下管教你的分寸，该放手的就放手。”

青春期的孩子：依赖又独立

青春期是从儿童到成年的过渡期，青春期的孩子不具备成人的独立能力，具体表现为：经济上要靠父母养育、处理事情上不够成熟、人际交往范围不够广阔。而他们确实能做一些事情了，不再像儿童时期那样心安理得地做个未成年人，相反，时不时地会表现一下自己的能力，提示大人：我长大了。

所以，青春期是一个既独立又依赖的年龄段。

1. 孩子不够独立，父母要支持

如果父母为了锻炼孩子的独立性，什么事情都让孩子自己来，孩子会有一种支撑不起来的无力感，很茫然。为了避免孩子因为看不透、搞不定，而产生片面或者偏激的看法，做出不负责任的行为，关键时刻，父母要引路。

举个例子：在学校里孩子把事情搞砸了后会很失落，觉得在同学面前抬不起头来。开始怀疑自己的能力，再做事情的时候就会

畏首畏尾。这个时候，孩子要保持自信，特别需要父母的鼓励。此时父母要及时地给予安慰，找到孩子没有成功的原因，并纠正孩子的认知。这样孩子就不会因为一件事没有成功而失去做事的勇气。

2. 孩子依赖父母，也不能替他做主

有的孩子依赖性比较强，听父母的话。父母因此会觉得孩子完全不独立，事无巨细都要参与，为孩子出主意、想办法，有时还直接替孩子做主。这样，会让孩子产生一种有能力无处施展的不自由感，再乖的孩子也会反抗。

举个例子：张俊豪喜欢上了篮球，要参加学校的篮球队。父母坚决不让孩子参加。他们觉得这是一件极其不靠谱的事情，因为孩子个子不高，打篮球没优势，很难出成绩。父母还觉得孩子的学习处于上升期，需要时间加把劲，不能让打篮球耽误了学习。

平时，张俊豪都很听话，可是这次，他坚持要学习打篮球。为此，和父母闹脾气，不跟父母说话，也不专心学习，搞得大家心情都不好。

跟上孩子独立的步伐

孩子进入青春期后，开始走向独立，这个独立的过程难以用具体的时间段来测量，独立的程度也无法量化，需要父母通过孩子的表现用心去把握孩子的独立意愿，然后用行动去支持，这样，孩子才能剥离父母无处不在的感觉。

1. 父母要正确理解独立

父母一定要正确认识独立。独立的意思是不依附、不隶属，依靠自己的力量去做某事。在一些父母的眼里，独立就是要把事情做好，在这样的认识支配下，当孩子做不好事情的时候，他们就觉得孩子不具备独立的能力，不自主地就帮孩子去做了。

父母一定要认识到独立不是完美，而是依靠自己的力量去做某事。好的教养一定是以满足而不是扼杀孩子的成长需要为准则的，父母顺应孩子的成长法则，满足青春期的孩子渴望独立的需要，支持他们去做事，对于结果不提过高的要求，孩子才能真正独立起来。

2. 降低标准：做就有收获

有些事情，孩子要求去做，就让他去做吧。即使父母估摸着孩子做不好，也不要阻拦，就抱着"给孩子收拾烂摊子"的想法去配合孩子，就能果断放手了。

父母事先把需要注意的事项跟孩子讲一讲，可以少出问题少犯错。

3. 做决定时，发扬民主

如果父母习惯了替孩子做主，当孩子到了青春期后，就该提醒自己，不要替孩子做主。青春期的孩子独立意识很强，他们渴望做主。如果父母私下替孩子做主，他们会不高兴，可能跟父母对着干。有时父母的决定合乎他们的心意，他们也有可能不接受。

父母民主是对孩子成长最好的支持，在民主型家庭里，孩子能够很好地做自己。孩子的事情，父母做决定前，必须跟孩子商量，细心听取孩子的意见。

4. 敢于放手，不往坏处想

有的父母很放不开，孩子一离开就惴惴不安。他们总是往坏处想，觉得孩子做不好，会出问题。其实，这是一种不自信的表现，父母不自信必然导致孩子不自信。不自信的孩子不敢接受任务，缺少历练，难以独立。

父母的担心只是自己的主观想法，不等于孩子的客观表现。孩子的能力发展到了什么程度、有多大的潜力，需要进入情境中才能被激发，被捆住手脚的孩子失去了被激发的过程，也就丧失了自我挑战的勇气和信心，独立水平难以提高。

04 孩子为什么无法接受别人说"不"

李瑶瑶跟妈妈要求增加每月的零花钱，妈妈没答应。妈妈只是问了一句："你的零花钱，不够花吗？"女儿就黑脸了。妈妈还真不是不能商量，女儿想增加零花钱，如果理由正当，妈妈完全可以接受。妈妈没想到，孩子不想说。就这么点小事，女儿两周没理妈妈了。

妈妈生气，也不主动跟她说话。可是，周末表哥结婚，总得问问她去不去吧？

妈妈说："周六，你表哥举行婚礼，你去吗？"女儿说："去。"妈妈接着说："当天，有很多亲戚朋友，需要穿正装！别穿露腰的衣服！"妈妈还没说完，女儿来一句："我回房间了。"

妈妈担心，周六她真的能去吗？

青春期的孩子自尊心增强，很自恋

当孩子经历了 7 岁前的以自我为中心后，学会了分享，就能够站到他人的角度考虑问题，不再要求这个世界都围绕着自己转。可是，到了青春期，孩子的"自我中心病"，似乎又犯了，他们很固执，按着自己的想法来，听不进父母的意见，被父母拒绝后就会很生气。为什么会这样呢？因为青春期的孩子的自尊心很强，甚至还有点自恋，他们觉得周围人都在看着自己，被拒绝岂不是很难看吗？

2008 年，辛自强、池丽萍等对 119 篇采用罗森伯格自尊量表收集数据的研究报告进行了元分析，结果表明，青春期的孩子自尊水平基本呈现随年龄增长而上升的趋势，高三年级的自尊分数比小学四五年级（大约 10 岁）时的自尊分数高出 6.19 分，也就是

1.25 个标准差。上升中包含了三次小幅下降，分别是初一、初二、高二，升入大学后。

与其他成长阶段相比，青春期的孩子的自尊心更强，他们觉得自己是大人了，就该有大人的自由和权利；他们觉得自己能够像大人一样做决定、处理事情，父母不放心是对他们的极大的不尊重；他们觉得自己是有能力的，父母不能低估他们。

青春期的孩子对自己的评价还受父母以及其他成人的影响，但是，现在已经不是父母说什么就是什么的时候了，当父母做出不客观或者与他们的认识不相同的评价时，他们不会站到父母的角度去思考，而是直接高调反抗。反抗方式不再是两三岁时的哭闹、喊叫，而是直接不理人或者做出一些让父母更难受的事情来。

呵护好孩子的自尊心

自尊是个体主观上自我价值感的体验，是自我系统中的核心概念，反映的是个体主观上对自我的评价。石晶、贾小鹏（2003）研究显示，显性自恋与自尊有显著的正相关。心理学家张文新和林崇德（1998）有研究表明，父母对孩子所采用的教育方式能够预测其对自我价值的评价。

1. 增强孩子的显性自恋

研究显示，高中生的自恋水平高于平均水平，显性自恋人格得分最高，主要表现在自我羡慕和权欲上。他们在与周围环境的互动过程中，不但能够调整自我来适应周边环境，而且还能够发挥主观能动性，有意识地为自己选择合适的环境。

对于青春期孩子，当他们积极自我表现的时候，父母不要置之不理，而是要给予关注。但要记得，关注不等于批评更不是去改变孩子，那样的话他们会逆反，父母描述一下孩子的行为或者状态，他们更能接受。

2. 民主型教养方式

关于家庭与自我的关系，大量的研究来自于对父母教养方式的探讨，研究显示父母的教养方式与儿童、青春期的孩子的自尊以及自我同一性等都有着密切联系。在民主型教养方式的家庭里长大的孩子，从小受到父母的尊重，他们独立，有自信，主动性强，懂得尊重他人，更能尊重自己。这样的父母即使反对孩子的某一个做法，也不会直接对孩子说不行，而是给孩子提出一些有效的建议。

举个例子：王斌在父母不知情的情况下，加入了学校的乐队，然后就开始了每周两次的排练。三个月后，王斌被乐队淘汰了。为此，王斌心里很不服气，他觉得，自己并不差，就算人员多，也该淘汰另一位贝斯手。父母发表了关于这件事情的看法："不做贝斯手，伴舞也不错，都是搞音乐啊！"王斌不同意，父母也没强求。后来，乐队又邀请了王斌几次，王斌以伴舞的身份回归到乐队里，跳得很来劲。一年以后，王斌又做起了贝斯手。

当孩子到了青春期，父母在教育方式上要发扬民主精神，可以提建议，但是一定不要强迫，给予孩子更多的自由，让孩子按着自己的意愿行动。

3. 积极的亲子依恋关系

父母和孩子建立积极的亲子依恋关系有利于孩子建立自尊。积极的亲子依恋关系指的是安全型依恋关系。安全型依恋关系建立的关键期是3岁前。如果父母和孩子在3岁前充分建立起了安全型依恋关系，那么，孩子就会比较自信、乐观，敢于表达自己的意愿。

孩子进入青春期后，父母对孩子的关照应该跨越满足层面，而进入尊重阶段，在满足他们的合理需要的时候，考虑到他们的个性特点和心理发展。

05 唠叨相当于自言自语

有妈妈感叹，儿子跟以前越来越不一样了，说不得了，几句话，他就能发脾气。早上，眼看到时间了，上学要来不及了，儿子还站在镜子前面慢悠悠地梳头，左照右照。妈妈顺口唠叨了几句："快点吧，来不及了！""万一路上堵车，就得迟到！你迟到有瘾啊！""这么臭美，早点起床啊！起那么晚！"就这么几句，儿子喊了起来："照镜子，您也限制时间啊？多照一会儿，镜子会碎掉吗？""砰"的一下儿子关门走了，声音大到门要掉下来，妈妈惊出了一身冷汗。

妈妈奇怪，很平常的几句话，为什么孩子听了就发火呢？

你唠叨他叛逆背后的大脑机制

父母教育孩子，想让孩子怎么做，习惯于口头说服，这样的沟通方式简单、快捷，深受父母喜欢。但是，这样的沟通方式因为"成本低"而导致了一些父母说起来没完，最后变成了唠叨，讲述的内容变成了孩子耳边的噪声。父母说半天，孩子什么都没听进去。

有的父母并不这么认为，他们觉得，我在说，孩子在听，他怎么就没听到呢？科学家利用实验把"父母说了一大堆，孩子一句没听进去的"残酷现实展现了出来。

美国哈佛大学的研究人员做了一项研究，他们让 32 名青春期的孩子听一段各自母亲唠叨的音频，同时借助扫描仪监测孩子们的大脑活动。结果显示，研究对象大脑中负责处理负面情绪的区域变得活跃，而控制情绪以及听取他人意见的区域则完全关闭。英国《每日邮报》援引研究人员的话报道："当你对他们唠叨，他们真的是左耳进、右耳出。"

青春期的孩子大脑司令部很抗拒唠叨，父母要理解，这不是孩子的态度，而是大脑功能。

唠叨的话语里一般都带着埋怨和批评，出发点是引起孩子的警戒，及早改掉坏毛病。殊不知，这样的话语，让孩子感受到尊严受到挑战，父母变成了敌人。"凡是敌人拥护的，就是我们反对的！凡是敌人反对的，就是我们拥护的！"对于青春期的孩子，父母越唠叨，孩子越反抗。

尊重孩子，不唠叨

孩子烦的事情，父母就该给孩子创造一个安静、轻松的环境，让孩子自己去平复心情。父母不要觉得围着孩子问是关心，这种不考虑孩子感受的做法只会让孩子觉得：父母不懂得尊重自己。当孩子从父母那里感受不到尊重的时候，教育画面便演变成了：父母念父母的经，孩子做孩子的法。

1. 有效教养，何须说那么多遍

俗话说，言教不如身教。孩子不光把父母的行为看在眼里，也学在心里表现在行动上。父母改变自己，让自己成为"心目中理想的孩子"的样子，效果远远好于每天对着孩子"这不能，那不行""要这样，不要那样"。父母嘴上功夫再强但行动不给力，无论怎么教育，结果都是孩子成为不了父母期待的样子。

最好的父母愿意为孩子改变。父母改变唠叨的习惯，多多学习文化知识、学习儿童心理、学习家教方法，这样，既提高了自身修养，也掌握了科学的教子方法。

2. 变"忠言逆耳"为"忠言顺耳"

一个懂教养的父母一定清楚，在亲子沟通中，最好的方式是倾听而不是唠叨。倾听不但能让孩子感受到被父母尊重，同时也能让父母了解了孩子的想法。

电视剧《还珠格格》里有句经典台词："皇上，臣妾又要忠言逆耳了！"当你沉浸在剧情中时，一定感受到了这句话让皇上多么烦闷。遇到一位唠叨的皇后，皇上很痛苦。那么，遇到唠叨的父母，孩子也很痛苦。

父母学会以孩子喜欢听的方式来跟孩子说，孩子才愿意把自己的心里话说给父母听。

3. 换个方式表达

当亲子沟通效果不好的时候，父母可以采用其他方式表达自己的想法。比如，微信、QQ、电子邮件、纸条、书信等。网络信息时代，用微信和QQ交流，真的是太方便了，可以随时随地给孩子留言。

有的父母跟孩子说话的时候，面对孩子的冷脸，控制不住情绪可能会找茬或者多说几遍。如果亲子沟通不是很畅通，为了避免这种情况出现，父母可以试着换种方式和孩子沟通。父母不和孩子面对面沟通，可以避免孩子的"情绪化挑衅"，孩子透过理性和充满关爱的"非面对面聊天"，反而情绪更稳定。

06 感到自己很脆弱

冀星放学回家后，"砰"的一声就把书包摔在了沙发上，倒了一杯水，咕咚咕咚喝完，大声地说："是时候给这个捣蛋鬼点颜色瞧瞧了，哼，看我怎么收拾他！"这个孩子最近常常出口不逊，有时连脏话都能吼出来！妈妈关切地问一下，他就说："您甭管了，我没事儿！"没事儿怎么会这么暴躁？

看来，今天儿子又遇到事儿了，正巧妈妈有时间，决定跟他谈谈。

妈妈说："儿子，最近是不是压力太大了啊！"儿子接过妈妈递过来的水果，说："可不是！有人竟然打我的班长的主意，我当了这么多年班长，尽心为大家服务，哪里得罪他们了？这些人太没良心了。"妈妈笑了，拍拍儿子的肩膀说："既然这么想，就没必要生气了！"儿子说："班里的几名同学竟然串通着，想下次选举的时候不选我！"妈妈说："你害怕了？"冀星说："没有，班长嘛，靠能力！谁能力比我强，我愿意让贤。我生气的是，几个哥们儿竟然支持别人！"

妈妈说："如果他们觉得你不适合当班长，他们不支持你，不过分。"冀星不说话。妈妈说："如果你有实力，他们也不能硬生生把你选下去啊！"冀星点头。妈妈又说："如果你继续当班长，就好好协助老师工作。如果大家选了别人当班长，你就做个好同学，全心全力搞好学习！总之，大家将要选出最合适的人做班长！这个世界上没有永远的总统，怎么会有一成不变的班长呢？"

冀星觉得妈妈说得有道理，摆正了对待这件事的态度，内心随之就平和了。妈妈和冀星约定："第一，不管遇到多么令自己难以接受的事情，都不能骂街；第二，努力克服以自我为中心，不然的话，遇事容易狭隘，看不开，不利于自己发展！"

青春期的孩子内心还比较脆弱

青春期是从儿童到成年的转折期，处于这个阶段的青春期的孩子的心理发展落后于生理发育，生理上有了成人的功能，心理上还比较脆弱，具体表现为：

1. 青春期孩子很敏感

青春期的孩子很敏感，学习、交友、外在形象等方面的话题都是他们的敏感点，父母一句话，说法不恰当，就可能引发他们的反感，使得他们的内心不平静。

王欢是一名初一的学生，很爱学习，有一天，她突然不去上学了。父母了解到她不去上学的原因是班里有个调皮的男生给她起了个外号叫"胖妮"。她为此和对方动手打架，但也没能阻止得了对方乱喊绰号。王欢心里不舒服，干脆就不去上学了。

青春期的孩子在意的事情，被外界触及后，很容易受伤。

2. 青春期的孩子不成熟

青春期的孩子内心不成熟，对现实世界还没有形成成熟的认识，不能坦然面对一些不合理的情况，在"非黑即白"的价值体系里不得不面对灰色事件的时候，感觉会很受伤，可能因此而灰心、丧气。

3. 自控力不强

青春期的孩子大脑前额叶发育滞后、社会经验不足，所以，自控力不强。当他们遇到挫折的时候不会理性思考，可能会冲动或者陷入负性情绪中难以自拔。在经历心理震荡的过程中，他们显得喜怒无常。一会儿发怒，一会儿哭，一会儿高兴。自我认知的局限以及成长带来的矛盾使他们的情绪和心境容易出现不平衡乃至暂时性的紊乱，如烦恼、孤独、压抑、愁苦等消极的情绪体验。

期待孩子逐步走向坚强

一个人只有内心坚强，才能经得起岁月的打磨，走到生命旅程里梦想实现的那一天，这就是品质的力量。青春期的孩子要想在未来有一个好的发展，必须拥有坚强的品质。

1. 引导孩子面对真实的自己

当心情不好的时候，有人选择用倾诉的方式来平复心情。比如，跟朋友聊天、写博客、写日记、发微博等等。青春期的孩子也可以选择用倾诉的方式来改变心情，在这个过程中比较容易看清苦闷的对象，分析导致苦闷的原因，从而对自己有个正确的认识，引导自己如何避免不开心。

当遭遇失败的时候，勇敢地去面对，有助于提升心理承受力。父母要引导青春期的孩子去面对挫折，敢于承认自己的不足，找到导致失败的主观原因后，积极改变。

2. 只要教育方法对，孩子就会走向坚强

随着青春期的孩子不断长大，经历的事件变多，心智逐渐变得成熟。只要父母不过度保护，孩子有机会遇到挫折，用积极的心态去面对，就不会过于怯懦。

一项关于"青春期儿童情绪状态日常变化"的研究发现，青春早期，情绪状态的积极方面较少，消极情绪较多。随着年龄增大，青春期的孩子的感知能力、情绪情感、意志水平等越来越趋向稳定。自我控制能力的提升，有助于孩子内心变得更坚强。

3. 多参加富有挑战的活动

体育运动最能锻炼一个人的毅力和信念，多参加体育活动，能够让人变得坚强。可以参加的活动有长跑、足球、登山、滑雪、

划船、拔河等。平时，在学习和体育锻炼中，鼓励孩子多为自己设
置目标，实现目标的过程就是对自己的挑战。

07 我想做自己，就是任性吗

考前复习已经进入二模阶段，可是，王宇还是坚持每周末看国外大片，有时候要看两三个小时，加上吃吃喝喝，半天的时间就没了。妈妈说："儿子，别看了，等考完试，随便看！妈妈伺候你，给你做好吃的，你尽管看大片。"儿子摇摇头说："我在学英语！"妈妈当然知道看英文大片对学习英语有好处，可是，当下需要按着《考试大纲》进行有针对性的复习。这么漫无目的地看电影，目标性太差了！妈妈跟儿子讲这个道理，告诉他同学们都放弃了兴趣爱好，在全力冲刺呢。王宇嘴上说着："我知道了，我知道了！"但仍然每周都要享用"电影大餐"。

青春期的孩子有任性的资本

青春期的孩子追求个性化，他们只有做自己才会更快乐。他们不屑于延续父母的人生观，当观点不同时还会向父母发起挑战，搞得父母很头疼。青春期的孩子就是那么迫切地渴望展示自己，要与众不同，他们要活出自己的风采。

作为父母，头疼大可不必。试想，如果孩子与父母没有什么不同，处处按着父母的路子来，家庭岂不是重复过去的日子，世界岂不是没有新鲜的色彩了？有一个事实大人必须承认，当下的青春期的孩子，个个是"神"，涉猎广泛、知识丰富。有的青春期的孩子知识面很广，有些老师还没讲的内容，他们已经熟练掌握了。老师讲的时候，他们一听就懂，而且能够给老师做补充。这么有资本，难怪会任性。从进化的角度去理解，青春期的孩子就是要任性地做自己，成就一个不一样的自我。

既然孩子懂得的知识很多，父母可以近水楼台先得月，向孩子请教。当孩子认识到"父母可以战胜""父母需要我的帮助"的时候，他们的自我价值感会增强。在帮助父母做事的过程中，他们的表现欲获得了满足，内心会很充实。而且，他们还能在做事的过程中认识到做事情没有想象得那么容易、自己的能力没有自己认为得那么强大，有了这份心就能够踏实学习了。

当孩子任性时，父母如何做到容忍

当孩子释放自己的小任性时，父母一定不要生气，先要反省一下自己的观点，看是不是有瑕疵。即使父母出于为孩子好的初衷，也没有理由让孩子一定要接受。

1. 接受孩子的"自恋"

青春期的孩子比较自恋，他们要维护自己的形象，更要成就一个独立的自我，会竭力保护自己的决定和想法。相反，如果父母说什么孩子就听什么，倒不是青春期的孩子该有的表现了！

父母要了解青春期的孩子的这一行为特点，并接受他们某一时刻"唯我独尊"的表现，是顺应成长的做法，有利于青春期孩子成长。

2. 点到为止

当父母发现了孩子的一些行为不够理性或者他正在做的事情会带来不利的后果时，不要觉得父母的责任就是让孩子躲开眼下的"坑"，有的时候，不管父母多么晓之以理、动之以情，他们都不会改变主意。既然孩子反对，父母就不要逼孩子，只要这件事没有伤害性，父母点到为止就好了。

对于一件事情的结果，在父母认识到而孩子没有认识到的情况下，孩子会坚持自己的做法，父母要想到，孩子很任性，自己就及时关注，等待他见了黄河再刹车吧。

父母表达反对意见时，需要语气委婉一些："妈妈觉得这件事情这么做下去，可能看不到你想要的结果，你自己试试吧！"这样的话，让孩子感受到，父母对自己的事情很关心，也很尊重自己的认识和感受，反倒会重视父母的建议，慎重对待。

3. 多站到孩子的角度考虑问题

当今的孩子与父母年轻的时候并不一样，父母特别需要去搞懂这些，才能理解孩子的行为。

举个简单例子：当父母得知孩子要文身的想法后，心里很反感，可是孩子执意要这么做。怎么办？如果父母命令孩子一定不要文身，这可能会促使孩子更快地去文身。父母首先要想到，他们之所以把这件事告诉了父母，说明他们自己还没有拿定主意，这是在征求父母给予支持。但是，父母是不支持的，但又不能直接跟孩子说，那么办呢？

父母可以先接纳说："噢，要文身啊？这个想法很奇特！妈妈不了解这件事，让我们一起查阅资料，看看文身到底有多酷？"这么说，等于在表达自己的感受。

当孩子看到文身有许多不利于成长的因素时，内心的决定就会慢慢动摇，接下来，父母依然不替孩子做决定，而是把选择的权利给孩子。孩子有了自主权以后，会很慎重，他们很能拎得清，不会"明知山有虎，偏向虎山行"。

08 我穿得美一些，有错吗

妈妈一看到王悦臭美心里就不爽，学习都搞不好，怎么还有心思一天换三次衣服呢？难道还有比学习更重要的事情吗？中学生了，该懂事了！仍然拎不清！

周日，女儿向妈妈提出，要去买裙子。妈妈火气就上来了，说："看看你的测试卷子，考那么点分，你不着急啊？把买裙子的劲头放在学习上，提高提高分数，不好吗？"

女儿说："那条裙子买不回来，我学习没动力！"妈妈大喊："哎哟，你快拿血压表来，看看你老妈的血压会不会爆表！"说归说，妈妈还是拿着钱包跟女儿出门了！

扮美提升自我价值感，有利于成长

青春期是一个自我意识快速发展的特别的成长阶段，这个时候的孩子在努力地建构自我价值感，青春期的扮美行为与自我价值的发展紧密相关。

在青春期的孩子的自我价值体系里，身体外貌占有很重要的内容。别以为孩子成绩好，在帅哥美女面前就能够把头昂得高高的。即使是"学霸"，内心也很在意容貌，羡慕长相帅气的男生和美丽窈窕的女生。如果有可能用成绩换形象，没有几个人能抗拒得了！

父母努力回忆一下，孩子并不是从青春期才开始爱美的。两三岁时，给他们穿上漂亮的衣服，他们就兴高采烈。如果妈妈给宝宝买回一件新衣服，宝宝特别喜欢，在接下来的日子就会连续穿。妈妈只得抓晚上的时间洗洗，才能保证宝宝第二天能穿上干净、整洁的衣服。

爱美是天性，是美德，是绽放在生命旅程里的力量之花，美丽的外形能提升青春期的孩子的整体自我价值，使得他们更加自信。父母保护、支持孩子爱美的心性、孩子的扮美行为会让孩子在审美能力、品德修养、价值观等方面获得长远发展，还会激发孩子对生活的热爱和激情。

青春期的孩子较之以前，对于美的感悟和认识变得更多元。他们要整合头脑里学来的、看到的、自己想出来的各种美的内容，然后表达出来，之后再不断地破除、不断地建设，最后形成比较稳定的认知。所以，即使青春期的孩子穿着奇装异服走在人群里晃得别人头晕，父母也不要把这个当成事儿和孩子掰扯。父母看不惯就忍一下，要相信孩子，他们不会永远这么装扮下去。

只要不学坏，随他奇装异服

青春期的孩子为了自己而美丽，他们敢于把自己打扮成心中美丽的样子。为什么父母看不惯的衣服，孩子就不能穿呢？为什么孩子期待已久觉得很适合自己的发型，父母就不让剪了呢？为什么编织一个美丽的花环戴在头上，就被要求拿下来呢？父母类似的做法在孩子眼里很过分，妨碍了他们挥洒青春的激情、彰显独特的个性。如果父母继续独断专行，造成的不仅仅是当下的逆反，还有足以让孩子一生不快乐的阴影。

作为父母，面对孩子不俗、另类的装扮应该怎么做呢？

1. 奇装异服不等于"变坏"

人气明星邓超有很多粉丝，说起他的青春期，可是足够叛逆啊！他拿着菜刀追过保安、私自《离家出走》去外地玩、去迪厅跳舞等，这些都是很让父母头疼的事情。在穿衣打扮上，邓超常常顶着一头长头发，还烫卷染色，有时甚至会染成五颜六色、还扎小辫。但是，就是这样一个孩子，后来把头发染黑，很用心地去学了表演。谈及成长和叛逆，邓超说："这些都是一步一步走过来的，是人生中很重要的经历，很宝贵。"

不管青春期的孩子把自己打扮成什么样，都不要觉得孩子变成了怪人。那是个性的张扬和自我内心的表达，他们需要把青春的能量通过他们想到的方式表达出来。一定要记得，奇装异服包裹着的是一颗青春的、成长的心，不预示着一定会"变坏"。

2. 不强迫，默默影响

当孩子沉迷于自己的奇装异服时，做父母的不要强制其改变，克制一下自己的情绪。试想，过一段他就不这样穿了，何苦费力去管教，引起孩子的反抗呢？

父母不干涉孩子的穿衣打扮并不意味着放任不管。可以采取更委婉更巧妙的方法。比如：孩子买衣服的时候，父母发表一些自己的意见，但不要强硬；看影视剧的时候，评价一下人物角色的着装；这个过程，看似不经意，实则很自然地就对孩子的审美进行了引领和熏陶。

3. 让孩子做自己，才不会丢了自己

青春期是一个彰显、体验个性，获得个性的过程，孩子只有充分表现，才能找到真正属于自己、被自己接受的行为方式，成就一个个性化的自我。

父母要给予孩子一个在穿着上不断探索的机会，这样，他们才能确认什么样的打扮最适合自己，才能从奇装异服阶段过渡到着装得体阶段。

3

透彻了解生理变化，搞懂身体功能

青春期的变化是"性"发育带来的成长。不管是第一性征发育还是第二性征出现都是一个复杂的生理过程，涉及生命繁衍与身体健康，稍加放纵将累及一生。为了不让生活变得沉重，青春期的孩子不妨努力一些，好好学习生理知识。

01 生理大变化：从男孩到男人的条件

这一天，卓然过得特别不容易，提心吊胆地，昨晚，下体流出来好多液体，黏黏的，弄脏了床单，为了不被父母发现，他把床单换下来后，藏在了柜子里。卓然打算晚上早点回去，洗干净，这样就没有人知道了。可是，上到第二节课的时候，卓然突然想起，妈妈今天不上班，她开始休假了。此刻，他的内心开始不平静了。如果妈妈打扫房间，发现了自己的秘密，得多难为情啊！她会不会认为自己变坏了呢？

男孩的第一性征

到了青春期，孩子会迎来第一性征的变化。什么是第一性征？青春期的孩子要搞懂这个问题。

生来就有的具有两性生殖器官的特征称为第一性征。男孩的生殖器官包括内、外两部分，内生殖器包括生殖腺体（睾丸）、排精管道（附睾、输精管、射精管和尿道）以及附属腺体、精囊腺、前列腺和尿道球腺。男孩从十一二岁开始，第一性征开始迅速发育，开始进入青春期。首先睾丸阴囊增大，接着阴茎增长。到了十四五岁时阴茎充分发育，在长度上接近成人水平。随着睾丸和阴茎的发育，男孩性机能逐渐成熟，会有精子经过阴茎排出体外。

不管是外生殖器还是内生殖器，都有着自身独特的构造和功能。男孩了解了生殖器的结构，才能很好地保护生殖器，使其不受伤害。

1. 外生殖器的结构和功能

外生殖器一般包括阴囊和阴茎。两个部位都有自己独特的功能，任何一个部位的功能缺失，都会导致男孩性功能障碍。

阴茎主要功能是排尿、排精液和进行性交，是性行为的主要器官。龟头是阴茎最敏感部位，受到刺激会射精。为了让龟头更安分，在它的上面覆盖着一层包皮。包皮可以起到保护龟头的作用。

阴囊是一个皮囊，悬垂于阴茎下方，能保护睾丸。皮囊能够调节温度，使睾丸处于恒温环境（35℃左右），保持正常的产生精子的功能。

2. 内生殖器的部位和功能

内生殖器包括生殖腺体（睾丸）、排精管道（附睾、输精管、射精管和尿道）以及附属腺体、精囊腺、前列腺和尿道球腺。

睾丸是男性性工厂，能够产生精子和分泌雄激素睾酮。

附睾的主要功能是促进精子发育和成熟，以及贮藏和运输精子。

输精管是一条柔韧的管道，一端连着附睾，一端连着尿道，每条可长达 30 厘米。输精管的管壁肌肉很厚，蠕动能力强，有利于运输和排泄精子。

精囊的主要功能是分泌一种黏液，既不产生精子，也不贮藏精子。

精索的主要功能是将睾丸和附睾悬吊于阴囊之内，保护睾丸和附睾不受损伤。

一定要解除的几个生理方面的困惑

关于第一性征的发育，涉及的内容比较多，有几点特别敏感的内容，青春期的孩子可能会产生困惑，提早了解，弄清楚怎么回事，可以避免胡思乱想。

1. 包皮、包茎：怎么回事

一个男孩，网络上看到一则有关"包皮"的文章，然后翻看自己的部位，觉得自己"包皮"了！他搜索了多篇文章，细细读过后，觉得自己真的中招了。为此，男孩变得心神不安，为了看看是否包皮，每天洗澡的次数都变多了！

任何疾病早知道才利于预防和治疗。但是，被不确定性信息诱导，疑神疑鬼也很烦。为了不让男孩被充斥在各种信息平台的"热病"包皮类信息困扰，男孩要学习科学的生理知识！

婴幼儿的龟头外面包着一层皮肤，称为"包皮"。婴幼儿时，包皮较长，能保护脆弱的龟头。青春发育加速后，或接近成熟年龄时，包皮会渐渐向后退缩而露出龟头。

如果青春发育后包皮仍然包着龟头，需要翻动后才能露出来，称为包皮过长；若不能翻出来，叫作包茎。不管是包皮过长还是包茎，都需要就诊，确定一下是否需要手术治疗。

2. 遗精伤身体吗

精液中含有精子和精浆，精子占5%～10%。正常的情况下，一次遗精3～5毫升，每毫升含精子1亿～2亿个。对于生精能力极强的睾丸组织来讲，偶尔遗精一次，不算什么。青春期的男孩可能会在一个月内出现一两次梦遗，梦遗能够解除男孩体内的紧张，使身体达到生理平衡，不会影响身体健康。

3. 流白怎么回事

男孩在受到有关性的刺激后，包括意识、视听或局部接触等，尿道口偶尔会流出少许清亮的分泌物。这种分泌物里没有精子，它是由尿道球腺、尿道旁腺、前列腺等所分泌出的一种液体。当阴茎海绵体充血时阴茎勃起，压迫尿道旁腺，于是分泌物流出。这完全是一种正常的生理反应，不是病态。青春期的男孩不必多想。

4. 阴茎勃起时，歪头了

大多数情况下，勃起的阴茎与身体构成直角，甚至有的几乎垂直向上。除了这种情况，还有一种情况，那就是阴茎勃起时略有弯曲。为什么会歪头呢？这是由阴茎的生理构造决定的。阴茎由三条海绵体组成，三条海绵体的充血程度不完全相同时，阴茎勃起的方向不一定是正前方，有可能会出现偏向一侧、向上翘的情况。当阴茎疲软时，三条海绵体疲软程度不同，阴茎头也不一定指向正下方，有时也可能指向前下方。

5. 没忍住，又自慰了

自从 20 世纪 50 年代后期金赛研究了 16000 例美国男女的性行为，指出 92% 的男性和 58% 的女性有性自慰行为，并且没有产生恶性后果。此项研究改变了人们性自慰有害的传统观念。

男孩要懂得，偶尔自慰，能缓解性压力，对身体也没有害处，还能促进阴茎发育。所以，偶尔有需要发泄一次时，男孩不要有心理压力，更不要觉得自己堕落了。

02 生理大变化：从女孩到女人的条件

王艳觉得好难为情啊。当着那么多同学的面，穿着后面点缀着斑斑红色的裤子就走上了讲台。尽管因为解题完美而得到了老师的表扬，但是内心还是感到无比苦涩。

接下来的大半天，王艳都在想，不知道有没有同学发现了自己的窘态，要是没人看到就好了。明明没到时间，怎么就来月经了呢？搞突然袭击吗？

哎，没有别的办法了，利用中午时间，回家去换一条裤子。要是爸爸在家，问起了怎么中午回来了，该怎么回答呢？直说不成，就说来拿一本书吧。如果是妈妈在家，就好了。

女孩的第一性征

生来就有的具有两性生殖器官的特征称为第一性征。

女性生殖系统包括内、外生殖器官及其相关组织。

一、内生殖器结构及功能

内生殖器指生殖器官的内藏部分，包括阴道、子宫、输卵管及卵巢。输卵管和卵巢常被称为子宫附件。从功能上来讲，内生殖器承担着生育功能，比如孕育、排卵等。

1. 阴道

阴道不仅是性交的器官，也是排出经血、分娩胎儿的出口。

2. 卵巢

卵巢能产生并排出卵子，使得人类得以完成繁衍下一代的使命。卵巢还能够合成并分泌性激素。

3. 输卵管

输卵管是卵巢连接阴道的管道，细长而弯曲，卵细胞从卵巢排出后，进入输卵管，在这里与精子结合形成受精卵。

4. 子宫

概括起来讲，子宫的功能有两个，一是怀孕后为宝宝生长、发育提供地方，二是产生月经。

二、外生殖器结构及功能

外生殖器是指从外面就可看到的生殖器官总称，也称为外阴部，包括阴阜、大阴唇、小阴唇、阴蒂、阴道前庭、前庭大腺、前庭球、尿道口、阴道口和处女膜及会阴。外生殖器是生殖器官的外露部分，除了能感受和表达性刺激外，对女性器官还有很好的保护作用。

1. 阴阜

阴阜耻骨联合前面的隆起处的外阴部位，呈丘状，由皮肤及很厚的脂肪层所构成。到了青春期，耻骨的前面会因脂肪蓄积而膨胀起来。青春期开始后，阴阜部位开始生长阴毛，呈尖端向下的三角形。

2. 阴唇

阴唇包括大阴唇和小阴唇。

大小阴唇各是一对纵行的皮肤皱襞，大阴唇位于外阴两侧，靠近两侧大腿的内侧，小阴唇在大阴唇的内侧，前端包绕阴蒂，左右小阴唇之间有尿道口和阴道口。

3. 阴蒂

阴蒂位于两侧的小阴唇之间的顶端，是一个长圆形的小器官，里面有与男性海绵体相似的组织，性兴奋时阴蒂会勃起。

4. 阴道前庭

阴道前庭是指两侧小阴唇所圈围的菱形区，前面是阴蒂，后面是阴唇系带，两边是小阴唇。在阴道前庭内，由前向后依次有尿道外口、阴道口，另外还有前庭球和前庭大腺。

5. 尿道口

尿道口位于阴道前庭内，阴蒂的后下方，是尿道的开口，略呈圆形，其后壁上有一对并列的腺体，称为尿道旁腺。尿道旁腺的分泌物可以滑润尿道口。

6. 阴道口及处女膜

阴道口位于尿道口后方，前庭的后部，是阴道的开口处。

处女膜是一块很薄、很纤嫩的黏膜组织，位于距离阴道口大约 5 厘米的地方，呈一圈环形皱襞状。处女膜上有小孔，月经可以由此流出。处女膜在第一次性交时破裂。当处女膜破裂时，大部分女性会出现少量阴道流血，并伴有疼痛。

阴道口与肛门之间的部位叫会阴。

7. 前庭球

前庭球又称为海绵体，位于阴道前庭两侧，前面部位与阴蒂相连，后面部位接前庭大腺，表面被球海绵体肌覆盖。

8. 前庭大腺

前庭大腺又称巴氏腺，位于阴道后部，黄豆大小，左右各一，也被球海绵体肌覆盖。腺体开口处位于前庭后方小阴唇与处女膜之间的沟内。

一定要解除的几个生理方面的困惑

女孩的第一性征发育后，除了身体形态的变化外，还会有一些生理机能被启动，开始有月经、能排卵。关于生理方面，她们会有一些困惑，尽早解决，有利于女孩平静面对、安心成长。

1. 月经，为什么一月来一次

子宫内膜的厚度会随着月经周期而变化，在女性激素的影响下，内膜细胞会生长，内膜就增厚，如果没有怀孕，所有的细胞会死去、剥落，然后被排出体外。所以，成年的女性每月都会有几天的月经来潮。月经初潮之后，卵巢功能还不成熟，月经周期不正常，属于正常现象。

2. 卵泡从哪里来的

女孩开始来月经后，每个月都会排出一个卵子。这件事情说起来简单，但过程还是有点复杂啊。

卵巢的内部结构分皮质和髓质两部分。皮质内散布着30万～70万个始基卵泡，是胎儿时卵原细胞经细胞分裂后形成的。在女性卵巢中，每月有若干个始基卵泡发育，但其只有一个（亦可能有2个）发育成熟，直径可达20mm左右，凸出于卵巢表面，医学上称为卵泡，其余的发育到某一阶段时开始闭锁、萎缩。

由于卵泡液的压力及其特殊酶的协助，卵泡破裂，泡中液体流出，卵子就排出来了。女孩的基础体温在排卵前后会有某些变化，但极轻微。如果不测体温，女孩主观上难以觉察到。

3. 私密处，白色液体是什么

白带是雌性哺乳动物从阴道里流出来的一种带有黏性的白色或无色液体，它是由前庭大腺、子宫颈腺体、子宫内膜的分泌物和阴道黏膜的渗出液、脱落的阴道上皮细胞混合而成。白带中含有乳酸杆菌、溶菌酶和抗体，有抑制细菌生长的作用。

4. 下体好痒，怎么办

女孩一定想不到，冰清玉洁的自己也会患阴道炎。阴道炎是阴道黏膜及黏膜下结缔组织的炎症。各个年龄段的女性都可能会患阴道炎。青春期的女孩如果不注意私密处卫生、喜欢穿紧身裤，或者冲洗阴道方法不对，习惯使用洗液等，可能会导致私密处细菌繁殖，从而患上阴道炎。

阴道炎一般表现为会阴部有下坠感、灼烧感，阴道分泌物增多，甚至呈脓性薄稠样分泌。尿道口受到刺激时，可出现尿频、尿痛等症状。女孩如果有以上一种或者几种症状，要及时就医。

阴道炎虽然不是疑难杂症，但是发病后很痛苦，私密处黏黏的、痒痒的，还有异味，对女孩子来讲，既难受又难为情！关键是，阴道炎很容易复发，治疗起来周期长，耽误学习影响心情。所以，女孩要懂得保持私密处的清洁，少吃甜食，一旦出现不适的感觉，及早就医。

5. 月经前，身体状态好差

月经前期，女孩会有一些身心反应：精神方面，最为常见的是神经敏感，烦躁易怒，全身疲乏无力，有时会引起头痛、失眠、思想不集中等；身体方面，最为常见的是手脚、颜面浮肿，腹部有胀气感，有些人会出现腹胀。大多数女孩会有便秘现象，小腹坠痛和乳房胀痛等。

6. 为什么身体要保暖

月经期间，如果女孩身体感到寒冷，体温比较低，会促进前列腺素分泌，子宫平滑肌收缩加剧，容易痛经，腰部、腿部、外阴部也会产生不舒服的感觉。

经期女孩身体免疫力低，如果身体感到冷，容易诱发感冒。

03 外形大变样儿：男子汉了

张军和爸爸走在一起，比爸爸还要高出一截，用老爸的话说：
"儿子长大了，我也老了！"张军看过老爸中学时代的照片，斜挎
书包意气风发地走在校园的路上，朝气蓬勃。张军问爸爸："您读
中学时，劲头怎么那么足？"爸爸说："学习，当然要有劲头，不
然，怎么学得会？哪像你们，胸无大志，迷恋小鲜肉，玩手机，懒
得运动，浑身除了排骨找不到几块肌肉，跟霜打的茄子一样！"张
军无语。仔细想想，跟爸爸比，自己实在不够"男人"啊。

男孩的第二性征

男孩女孩的区别，除了第一性征外，还有第二性征。性发育
的外部表现是第二性征，体现了男女的身体、体态、相貌、声音等
性别上的差异。与第一性征是与生俱来的特征不同，第二性征是在
进入青春期后才出现。

进入青春期后，男孩体内的性腺分泌较多的雄性激素，雄性
激素促进体内蛋白质的合成，使人体各个系统向雄性化的方向发
展。正常情况下，雄性激素作用到哪里，哪里就会出现第二性征。

在雄性激素的作用下，青春期的男孩的骨骼逐渐发育成具有
男性特征的粗壮结构，身材逐渐成长得高大、挺拔，肌肉发达有
力，体表长出多而密的汗毛，长胡须，喉节突出，嗓音低沉，脸型
更富有棱角，肩膀、胸膛变宽，体味儿很浓，身体各部分比例变化
大等等。有的男生还会出现乳房发育，胸部像女生那样微微鼓起
来，不过，数月后会消失。

无敌青春：做个帅气、阳光的大男生

青春期的男孩要想成为人丛中一道闪亮的风景，不是穿件名牌衣服、做个酷酷的发型就能实现的，需要内外兼修，不断成长。

1. 不断充实内心世界，追求卓越

青春期的男孩内在的气度决定了外在的风采，一个帅气、阳光的大男生内心藏着的一定是开拓、进取的灵魂。他们爱学习、爱生活，对自己、对父母、对未来的社会有着强烈的责任感和使命感，他们绝不是"垮掉的一代"，而是有着超强的学习能力的新新人类。

让青春期的男孩的内心充实的方法很多，努力学习、坚持阅读、向优秀人物学习，不断追求进步，常常自我反省，改正不足之处。

2. 礼仪修养

礼仪修养是通过一举一动的外在表现传达给对方的，让人赏心悦目的一定是衣装整洁、举止文明的一群人。即使一个人颜值再高、身材再挺拔，衣服满是褶子，头发乱蓬蓬，鞋子沾满尘土，也没人愿意靠近。一个人即使外表很帅，一张嘴就冒臭话，芝麻点小事也要自己优先，也没人喜欢。为什么？因为邋遢、自私、粗鲁的言语背后是不懂尊重的、卑微的灵魂。青春期的男孩要想拥有帅气、阳光的气质，风度翩翩地行走在人间，就要习得礼仪、加强修养，保持内心光明。

在外形方面，青春期的男孩需要处理好一些困扰，比如，青春痘问题、大臭脚问题。

有的男孩到了青春期就开始长青春痘了，皮肤疙疙瘩瘩，很伤男孩的爱美心。为了让皮肤看起来光滑一些，有的男孩不停地挤，导致皮肤化脓、发炎。男孩要明白，青春痘是少年皮脂腺的慢

性炎症。之所以会出现这样的炎症，医学上的一种说法是，青春期的身体雄性激素分泌旺盛，增加了皮脂腺的活性，刺激皮脂腺增生、肥大，分泌过多皮脂，从而产生痤疮。医学上的另一种说法是，痤疮是由青春期的孩子皮肤组织中雄激素的代谢紊乱所致。不管哪种原因导致的痤疮，男孩都要注意不能用手挤，以免发生感染。如果男孩是油性皮肤，出油量比其他肤质都要多，男孩平时更要注意皮肤清洁，以免造成毛孔堵塞，更容易长痘。

青春期的男孩容易发生臭脚，这也是让男孩很尴尬的事情。脚臭是脚心出汗过多导致的。青春期的男孩在运动过后注意洗脚、换袜子、换鞋，这样就没有味道了。如果没有条件及时清洗，就暂且和"臭脚哥们儿"待在一起吧。

3. 多运动能长个儿

男孩最怕海拔低，站在女生面前都要仰头的个子会让男孩感觉很没面子。男孩还喜欢肌肉健硕。毕竟，骨骼结实、肌肉健美的男生更有气质，这个，没有谁否定。青春期是身体发育的第二个关键期，一个男生能长多高，这个年龄段的发育很关键。

男孩要想拥有满意的身高，可以做一些有利于长个儿的事情。男孩在体育活动中，可以给骨骼以良好的刺激。体育活动能加强骨头、肌肉的新陈代谢，增强骨骼的韧性和强度，有利于骨骼生长。有人对年龄相当的青年做过调查，经常参加体育锻炼的要比不常参加体育锻炼的，骨骼强壮好多，身高也要高出 4 ~ 7 厘米。

对青春期的男孩来讲，最利于身高成长的运动有：跳绳、蹦高、打篮球，要是能与足球、游泳、骑车、滑冰等运动项目结合，效果就更好了。

04 外形大变样儿：大美女了

晴晴从小就乖巧、漂亮，人称晴公主。女大十八变，十几岁后，晴晴越变越好看，身材窈窕、皮肤白皙，仿佛是一幅行走的画，走到哪里哪里就亮了。对于处于爱美时节的女孩来说，颜值这么高，身材这么好，得多称心如意呀，大约连睡觉都该笑醒了！

可是，晴公主却开心不起来。最近，有两件事让她烦恼。第一件，她觉得自己长胖了，想减肥，不想吃饭，可是妈妈却认为很正常，不让少吃；第二件，胳膊和腿上的毛毛出来了，不敢穿漂亮的裙子了。

现如今每当有大人夸她漂亮时，她心里就开始不舒服，但是有谁能理解她的烦恼呢？

女孩的第二性征

进入青春期后，女孩会变得越来越有女人味儿。胸部一点点鼓起来了，身材变得修长苗条，脸部轮廓更加柔美，说话声音清脆、细柔。这些变化是女性的第二性征。

性发育的外部表现是第二性征，第二性征出现后，男女的身体、体态、相貌、声音等性别上的差异开始显现出来。与第一性征是与生俱来的性别特征不同，第二性征进入青春期后才出现。

女孩之所以会出现第二性征，是因为进入青春期后，女孩体内的性腺分泌的雌性激素增多，雌激素作用到哪里，哪里就会出现第二性征。雌性激素刺激女性阴部及腋窝，促使阴毛和腋毛生长。雌激素作用在脸上，除了使得皮肤变得细腻外，还会促使面部生长痤疮和粉刺。

对大多数女孩而言，从 9～10 岁开始，进入性的成熟期，乳头周围脂肪组织增加，并发育形成小乳芽，11 岁左右，身高加速成长，乳房开始迅速发育；12 岁前后，开始出现月经初潮。大约初潮的第二年，乳房发育完成，腋毛、体毛开始出现，声音变细；15 ～ 16 岁，月经已经形成规律，脂肪积累增多，臀部变圆，脸上长粉刺；17 ～ 18 岁，骨骺趋向闭合，身高停止生长；19 岁以后，体态变得苗条，皮肤变得细腻。

无敌青春：开启美少女成长模式

青春期女孩就像夏日里沾着露珠的花骨朵，美得清爽自然，人们在享受这份清凉的同时，对她们寄予美好的期待，希望她们能够让青春灿然绽放。

身体意象是青春期的孩子价值观发展的一个重要方面，它影响青春期的孩子的情感和生理健康，良好的身体意象有助于身心健康。

1. 抓住长个儿关键期，让身高使劲蹿一蹿

女孩一般在 10.5 岁左右进入青春发育加速期，12 岁达到高峰，到 13 ～ 13.5 岁成长会回落到一个较缓慢的速度。在发育加速期结束后，女孩身高一般会增长 27.7 ～ 29 厘米。

当女孩经历了身高增长加速期后，与同龄人比个子还是不高，也不要烦恼，不同个体的青春期开始时间不一样，成长的加速时间也不一样，显现在身高上，就会有矮一些的。有的女孩进入青春期的时间比较早，可能在 13 岁的时候就达到了成人身高；有的女孩进入青春期的时间比较晚，可能十七八岁还没进入成长加速期。研究显示，身体加速成长晚一些的，过了青春期，身体还会长！

如果女孩对自己的身高不满意，可以通过一些科学的方法来促进成长。有研究显示，青春期的孩子多参加体育运动有利于长个

儿。体育活动可以给骨骼以良好的刺激，加强骨骼、肌肉的新陈代谢，有利于增强骨骼的韧性和强度。有人对年龄相当的青年做过调查，经常参加体育锻炼的人比不常参加体育锻炼的人，骨骼要强壮好多，身高要高出 4 ~ 7 厘米。

2. 窈窕健美，体重不超标

体重不仅仅是衡量身形的一个有力参考，同时也是考评健康状况的重要指标。体重很容易测量，青春期的女孩可以通过测量体重来调控饮食和运动，从而预防体重超标。

青春期的女孩要知道自己的体重是否正常，可以通过现在比较流行的一个纤体指标 BMI 来衡量。

成人的 BMI 数值中国标准把体重分为四个级别，计算方式是：体重指数等于体重（千克）除以身高（米）的平方。

正常：18.5 ~ 23.9

超重：≥ 24

偏胖：24 ~ 27.9

肥胖：≥ 28

专家指出，最理想的体重指数是 22。由于存在误差，BMI 只能作为评估个人体重和健康状况的多项标准之一，青春期的女孩用它来衡量身体是否超重是一个不错的选择。

3. 神经性厌食症和神经性贪食症

有的青春期的女孩对外形的要求太严格，她们为了快速减轻体重，采用不科学的方法来减肥，结果导致了饮食障碍。最为常见的两种饮食障碍是：神经性厌食症和神经性贪食症。

神经性厌食症是一种有生命危险的饮食障碍，特征是强迫自己挨饿，对发胖有一种强迫性恐惧。神经性贪食症也是一种有生命危险的饮食障碍，其特征是周期性暴饮暴食，然后通过服用大剂量的药物如泻药或催吐剂进行强迫性的呕吐活动。

当女孩表现出很在意体重的样子，而且饮食不规律时，父母需要鉴别一下，看女儿是否出现了饮食障碍。一般情况下，如果女孩看起来瘦弱，对体重增加表现出强迫性的焦虑，拒绝保持正常体重，拒不承认体重过低所带来的危险，那么，可以考虑是否患了神经性厌食症，及时带女孩就医、确诊。耽误了病情，可能会损害甲状腺和心脏机能，提高发生骨折的危险性。

当女孩体重超标一些，而且常常会暴饮暴食时，父母需要特别留意一下。如果发现孩子在短时间内吃掉大量的食物，然后再通过自我强迫性呕吐、过度运动或服用泻药来避免体重增加，可以考虑是否患了神经性贪食症。呕吐会对患者的食道和牙齿珐琅质产生腐蚀作用。

如果青春期的孩子患了以上两种饮食障碍，父母要积极对待。研究显示，父母参与干预的时间越早，饮食障碍持续时间就越短，康复就越彻底。

4. 还是不化妆了吧

青春期的女孩很关注个人形象，希望让自己更美丽。她们渴望拥有长长的睫毛把自己忽闪成童话世界里的公主，她们也想像妈妈那样把嘴唇涂得鲜艳而饱满。于是，她们行动了。眉毛画得如弯月，睫毛涂上睫毛膏，口红选择珊瑚色。这么一弄，就是漂亮啊。

如果女孩已经尝试过化妆，并因此而沉迷于自己的妆容里，那么，很需要冷静一下，看看化妆究竟能给少女们带来什么。

英国一项最新研究发现，化妆对少女来讲就如同喝下一杯混合了各种有毒化学物质的鸡尾酒，可能导致少女们患上癌症、不育和严重内分泌失调。

英国环境工作小组（EWO）针对一批年龄介于 14 ~ 19 岁的

英国少女进行了研究，研究结果发现，常化妆的少女体内含有邻苯二甲酸盐、二氯苯氧氯酚、对羟基苯甲酸酯等危险化学物。这些物质普遍被用于制造化妆品，科研人员发现它们或许会增加少女们患癌症、荷尔蒙失调疾病的概率。荷尔蒙失调会导致少女们心情抑郁以及早熟。

5. 接纳身体上的毛毛

有的青春期女孩体毛比较重，看上去乌压压一片，遮住了光洁的皮肤，搞得女孩夏天都不敢穿裙子。有的女孩为了还原"长毛"前的皮肤真容，计划着去脱毛。

青春期的孩子不适宜脱毛，一个原因是青春期孩子身上的毛发生长得很活跃，有可能在脱毛后，还会长出新的毛发；另一个原因是毛发是皮肤的附属器官，对人体具有一定的保护功能，能吸附脏污和细菌，保持身体皮肤洁净。在寒冷的天气里，皮肤上的体毛能保暖，保护身体柔嫩、敏感部位不受寒冷侵扰。

05 少女的乳房开始发育

有个女孩在贴吧里大倒苦水，我的乳房长得太快了，胸前鼓起个小土丘，站到队伍里，引来一众目光。我好不容易习惯了同学的目光，能挺直腰杆走路了，新的烦恼又来了。我的乳房只要轻轻一碰就疼痛，用手摸摸，好像里面还有疙瘩块。我好担心啊！会不会是生病了？一想到这个，吓得晚上都睡不着觉。怎么办啊？每天压力山大，我的小心脏快承受不住了！

乳房有着特别的结构、功能

对女性来讲，乳房太重要了。一个健康、美丽的乳房不仅是女性的身材担当，还是性敏感的担当。更重要的是乳房兼具哺育宝宝的重要任务。在女性的乳房上，尤其是乳头部位布满了丰富的神经末梢，两性接触时，刺激女性乳房会导致男性、女性产生性兴奋，很好地享受性爱的快乐。但是，青春期的男孩女孩不能发生性行为，所以，青春期女孩要记得，保护好乳房不被异性接触有利于自我保护。

女孩将来做了母亲，乳房将会成为宝宝的粮仓。这个粮仓粮食丰足，才能顺利地哺育宝宝。哺乳不仅能给宝宝带来生理上的满足，而且还是一种能给宝宝带来安全感的亲子交流。所以说，母乳喂养的宝宝不但身体健康，心理状态也很好。

乳房这么重要，女孩当然要了解乳房的样子，知道健康乳房是什么样的。

女性的乳房位于人体胸大肌上。理想的乳房是丰满的圆锥形或半球形，基底是椭圆形；乳头位于顶端，向前向外并稍向上突出；乳房的皮肤细嫩，软硬适度，略有弹性，手感柔软，乳头的具体位置跟一个人的体形、胸廓宽度、躯干长短有关。

每位正常女性都有两个乳房，两侧对称，位于第三与第七肋、胸骨与侧胸之间。乳房含有丰富的血管和神经，血管和淋巴管的主要功能是供给养分和排除废物。神经与乳房皮肤的感觉器相连，感知外界刺激。

乳房中的不同组织构成了乳房独有的形态和功能。乳房分别由乳腺组织、脂肪组织、结缔组织组成。成年女性乳腺组织由15~20个乳腺叶组成，其主要功能是泌乳。乳腺叶由许多乳腺小叶构成，乳腺小叶含有很多腺泡。脂肪组织包裹整个乳腺组织（乳晕除外），脂肪组织层厚则乳房大，反之则小。结缔组织是连接胸部浅筋和胸肌筋膜的纤维束，起着支撑和固定乳房的作用。

早保健，让乳房持久美丽、健康

对于青春期女孩来讲，乳房发育是一件必须经历的事情，这个过程可能会遭遇一些让人担忧的事情，为了不影响心情或者不为此忧心忡忡，女孩需要提前了解一些现象。

1. 摸着有肿块现象

乳房疼痛的时候，基本可以摸到乳房包块，但是青春期少女真正有包块的并不多见，很多时候，女孩摸到的包块不一定是包块。

为什么呢？乳房主要由乳腺组成，有结节感。在10～11岁的乳房发育过程中，会出现"乳核"，随着乳房的逐步发育成熟，"乳核"会自然消失。当女孩感觉胸部有包块时，可能是乳房发育的阶段性表现。

不过，如果乳房疼痛和包块同时存在，有可能是乳腺增生、乳腺纤维瘤、乳腺囊性增生等疾病症状。父母要懂得，女孩排除疾病的可能才能安心成长，所以，陪着女儿尽快到医院进行系统检查最为关键。

2. 溢乳现象

溢乳指的是双侧乳头或者单侧乳头自然溢出或被挤压时流出少量液体。液体颜色可能为乳白色，也可能为纯清色不带血。

青春期的女孩发生泌乳的情况与体内腺体分泌的泌乳素有关。女孩体内分泌一种泌乳素，这种激素正常分泌时，可以使体内的内分泌系统维持平衡，使女性有正常的月经来潮、有正常的排卵，一旦发生性交就有可能怀孕。当泌乳素分泌超过正常水平时，就会形成高泌乳素血症，当乳房受到刺激时就会分泌乳汁，发生溢乳。

3. 乳头皲裂现象

现在的孩子没有受过苦，皮肤一点点破损都觉得很疼。如果破损的地方是乳头这个部位就更痛苦了。乳晕部位布满了丰富的神经末梢，很敏感，发生皲裂后，可能特别疼痛。父母要告诉女孩，当乳头发生皲裂后，不要害怕，更不要胡思乱想得了什么大病，导致皲裂的常见原因是过敏、感染、汗水刺激等。

青春期的女孩发生乳头皲裂后，可以用碘酒消毒，也可以外涂蜂蜜或维生素 E 胶丸、红霉素软膏、乳头皲裂膏等。为了防止乳头皲裂，女孩要注意个人卫生，保持乳头干净，饮食上要多喝水。

4. 乳腺增生现象

对女性来讲，乳腺疾病比较常见，最安全的方式就是早发现，早治疗。虽然女孩得病率比较低，但了解这个疾病对当下、将来都有好处。

如果乳房疼痛常以月经周期为规律，月经前乳房开始疼痛，月经后可缓解或消失，疼痛为胀痛或针刺样，则考虑为增生性病变。

如果女孩突然觉得乳房疼痛，摸着有肿块，而且没来由地出现情绪烦躁、易怒、恐惧等情况，那么，可能是乳腺增生引发的，应及早去检查。

5. 对乳腺癌有个初步的认识

乳腺癌本身很少引起疼痛。乳腺癌病人以乳房疼痛作为初发症状的，仅占 5% 左右。但有一种疼痛感特别需要注意，那是一种间歇性、发自乳房内、很尖锐的刺痛，疼痛的感觉不会牵引到乳房外的部位。当女孩的乳房出现这种疼痛时，应该仔细检查是否有肿块，如果有，及时就医确诊。

当乳房内有肿块时不一定就是乳腺癌，但乳房没有肿块时也不一定就不是乳腺癌。女孩要记得，定期体检有利于及早发现疾病。

06 这样的阴茎，正常吗

自从发现"小鸡鸡"变大了后，张敬轩的脑海里时不时就会冒出问号："小鸡鸡多大才算正常呢？""自己的是小是大呢？""小鸡鸡还会长吗？"去公共浴室洗澡的时候，他会偷偷地瞄两眼别人的性器官，然后和自己的比较。

浏览网页的时候，有时候会被"阳痿""早泄"的词语吸引，不自觉就担心起来，如果自己的"小鸡鸡"有问题，怎么办呢？"小鸡鸡有问题，是生来就有问题，还是被碰坏后留下的后遗症呢？"张敬轩觉得自己有点神经质，自己身体健康，生殖器怎么会有问题呢？但是过后，那些奇怪的问题还是会冒出来。

阴茎的独有结构

阴茎是男性外生殖器中最明显的器官，阴茎体由阴茎海绵体和尿道海绵体组成，阴茎体上有丰富的血管、神经、淋巴管。

阴茎的结构有阴茎根、阴茎体和龟头，阴茎的前端膨大部分是阴茎头，也叫龟头。阴茎后部为阴茎根，中部的圆柱体是阴茎体。阴茎体和龟头交接处比较细的部位是颈部，呈现为环状沟，称作冠状沟。

阴茎的功能除了进行性行为还包括排出尿液、分泌物。男性的正常性功能包括性兴奋、阴茎勃起、性交、射精和性高潮等过程。如果达不到这个过程，可能有生理障碍，最为常见的是阳痿和早泄。

阳痿是指男性在性生活时，阴茎不能勃起或勃起不坚或坚而不久，不能完成正常性生活，或阴茎根本无法插入阴道进行性交。早泄是指阴茎插入阴道后，在女性尚未达到性高潮时，男性提早射精而出现的性交不和谐障碍，一般指男性的性交时间短于 2 分钟。

阴茎需要保护

阴茎是人体特别重要的、担任着繁衍和性福使命的器官。因为不能再生，一旦损坏后，生命将会失去很重要的一部分价值，如何保护阴茎不受伤害是青春期的孩子必须知道的。

1. 阴茎"易碎"，好好保护

阴茎平常软软的，遇到刺激，会变硬。大脑皮层的兴奋，传递到阴茎海绵体，动脉血管扩张，静脉血管收缩，流入阴茎海绵体的血液增多，流出的血液减少，这时，海绵体内存留的血液很多，阴茎就勃起了。

就是这样的一个功能特点使得没有骨骼的阴茎在勃起的时候会很硬，阴茎虽然没有骨骼，但如果在勃起的时候与坚硬的物体发生碰撞，有可能"骨折"。在碰撞特别猛烈的情况下，阴茎海绵体可能发生断裂。

青春期的男孩精力旺盛，好运动。在玩耍、运动、拼抢、打斗的时候，要避开生殖器部位，避免生殖器部位被对方踢过来的脚、撞过来的身体伤到。日常生活中，在攀岩或者爬山的时候，也要小心硬物，以免磕碰生殖器。夏天穿的衣服比较薄，逗弄狗狗时，一定要小心，以免咬到"小鸡鸡"。不管哪种情况，导致阴茎受伤，都要立即就医，否则可能导致尿道损伤。

2. 对阴茎的大小有个正确的认识

关于阴茎的大小，需要看勃起状态，松弛状态下的大小不算数。在一项针对 80 名男性的研究中，研究人员发现一些人的阴茎勃起后会增长 8.9 厘米，而一些人阴茎勃起仅增长 1.3 厘米，而且同松弛状态下阴茎的大小无关。一般而言，从耻骨联合处测量到阴茎头，如果阴茎勃起时小于 9.3 厘米，可以确定为小阴茎。

另外，阴茎大小对身心无影响，更不会影响性能力，青春期的男孩不要因为自己阴茎短小而自卑，太在意的话，可能会造成心因性性功能障碍。

3. 阴茎讨厌太冷或者太热

《哈佛健康通讯》刊登研究称，阴茎遇冷时，血管会闭合，一旦血液循环恢复，阴茎又会变大。所以，当置身于太冷或者太热的环境中时，要注意保暖或者散热，以免对阴茎刺激过大。

07 青春期的孩子都该知道：性爱是怎么回事

周末王军的父母出门了，王军知道他们去南城看房了，怎么也要大半天才回来，于是，王军约了班里的一个女生来家里玩。

王军知道这个女生喜欢自己，自己提出什么要求她都会答应。王军还知道，自己不会和她谈恋爱，父母不允许，自己也觉得太早了。但是，自己特别想和她做一些成人做的事情，想知道做那种事情的感觉是怎样的。

女孩发来信息，说 1 个小时以后到。

王军突然有点犹豫了，他觉得自己这样做是不是不太好。为了让乱糟糟的心情平复一下，他拿着篮球去球场了。玩了半个小时后，他给女孩发了个信息，告诉她，自己有事情出门了，要她不要来家里了。

性交的过程和结果

随着性的发育，在青春期的孩子的性幻想里不可避免地会出现性交的画面。当他们开始关注到性交这件事的时候或者在此之前，把科学的性交知识传递给他们，有利于满足他们的好奇心，避免发生错误的行为。

性交是指男性把阴茎插入女性的阴道，由于兴奋产生射精，以达到输送精子的行为。正常的性交行为都会射精。男性射精时喷射力较大，精液射程 15 ~ 20 厘米，最高可达 1 米。

精子和卵子结合叫受孕或受精。

卵子是女性的生殖细胞，呈球形，有一个核，由卵黄膜包着。卵巢一个月产生一个卵子。

精子分为头、体、尾三部分，头部参与受精，细胞核在头部，含有人类一半的遗传物质，即 23 条染色体，尾部通过摆动使精子有活动能力。

女性每个月都会排出卵子，卵子没有运动能力，当卵子从卵巢里出来后就被输卵管的伞端迎接，送入管腔之中，然后在管壁肌肉的扶持下慢慢前进，一般情况下，卵子会在输卵管里待上一两天，迎接精子的到来。精子具有较强的运动能力。在性交时，当精液被射入女性阴道里的时候，精子从精浆中游出，穿越子宫颈、子宫腔、输卵管峡部，最后抵达输卵管壶腹部与卵母细胞相遇，将遗传物质送入卵子细胞内。一颗受精卵就这样诞生了。之后，受精卵进入子宫，女孩就怀孕了。

只要有生育能力的男孩女孩发生性交行为，女孩就有怀孕的可能。

男孩女孩都要明白：性交不是当下的事儿

男孩女孩要明白，要拥有性交的权利，才能发生性行为。否则，要么违法，要么有伤害，两者都会亵渎了性爱的神圣和美好，都不会给人生的幸福奏出快乐的音符。青春期孩子要明白性交为什么不是当下可以做的事儿，才能有意识地去控制自己的情感和行为。

1. 性交与爱情、婚姻紧密相连

婚姻是男女两性结合的一种法律形式，一个男性和一个女性结婚了，才能发生性爱关系，否则，就不符合社会规范。不但社会不承认两人的合法关系，当事人自己也没有安全感。现在社会开放了，一些确立了恋爱关系的成人，只要感情笃定，在没有拿到那一纸婚书的情况下发生性行为，也被社会接受了。但这并不等于就可以以随便的态度对待性。

性交是性爱的主要表现形式，性爱是性欲和爱情的结合。性爱不仅是一种本能的性欲望和两个人交往中纯生理的享受，而且也是按照和谐的规律把自然的性欲和升华的爱欲、把机体的生理规律和精神准则交织在了一起。如此美好的事情，怎么离得开爱情呢？

但是，青春期的孩子还没有长大，不具备认识自身、认识他人、认识感情的能力，也不能为感情负责任，更承受不起恋爱失败带来的身心伤害。要正确地认识和理解两性的爱，需要具有成熟的心态和恋爱观，否则就无法确定自己对某位异性的爱慕是不是爱情，错把友谊当成爱情，草率发生性行为，愧对自己也愧对对方。

2. 性爱的基础是生育

人类生存的主要目的之一就是繁殖，性是繁殖得以完成的基础。但这并不是说，一个人具有性行为能力，能生育，就可以进行性行为、生宝宝。在一个合法家庭里，夫妻把生养宝宝当成快乐、荣耀的事情，宝宝在这样的环境里能够快乐成长。而在非婚生家庭里，宝宝出生以后，如果他的父母能结婚还好，如果不能结婚的话，宝宝上户口、就医、入园、入学都会受到限制，如果宝宝不能享受到父母双方的共同养育，身心发展都可能受到影响。

对于青春期的孩子来讲，恋爱了，一时好奇或者控制不住发生性行为了，怀孕了，在不能领结婚证、没有养育宝宝的能力的情况下，怎么办呢？生下来，养不了；不生，堕胎手术对青春期的女孩来讲很伤身体，还可能有生命危险。

08 细细解读早恋

妈妈跟王君妍说："我今天看到你们班一个男生和女生一起买糖葫芦呢？买完了，两人坐在街边的长椅上，一边聊天一边吃，可亲热了！"王君妍说："这有什么啊？吃个糖葫芦，聊会儿天，很正常！"妈妈说："正常，哪里正常了？早恋正常啊？"王君妍生气了："怎么就早恋了？"妈妈说："怎么没早恋？两人坐得那么近，嘻嘻笑着，脸都要贴到一起了！是不是，你们班同学都这样啊？你没这样吧？不许早恋啊！"王君妍生气了，大声说："请您别一口一个早恋，好吗？这个词语很伤人。高二的学生，有关系好一点的异性朋友，很不正常吗？"王君妍说完，不理妈妈了。妈妈懵了，难道正常？

对早恋做一个界定

"早恋"是当代中国的本土概念，是指发生在生活、经济尚未完全独立，同时距法定结婚年龄尚有很长一段时间的少年群体里的恋爱行为。李学铭在《青春期的孩子心理学》一书中把早恋看作是14岁以前的青春期的孩子在心理和行动上表现出的单恋，自恋，两性间互恋、互爱等现象。社会上，好像把中学时代的恋爱行为都视为早恋。

虽然相关研究者觉得用"早恋"这个词来表达青春期恋爱不够准确，带有批判性、负面倾向，不如"中学生恋爱"更中性。"中学生恋爱"更能体现出对中学生群体的尊重。细细咂摸"早恋"两个字的味道，带给父母的是隐隐的不安。对于青春期的孩子呢，则是微微的怒和满心的抗议：这么美好的感觉，成人世界里怎么就容不下呢？如此，孩子当然会觉得很无辜，很受伤啊！

但是，大部分研究者认为，用"早恋"这个词来形容中学生的恋爱行为，虽然并不十分恰当，但也能让大家明白怎么回事，加之一时还找不到更合适的词语来代替，人们已经习惯了这个词代表的意思，眼下，只能这么用着了。

1. 通常情况下，什么时候恋爱算早恋呢

对于早恋，各人可能有各人的理解。一般情况，18 岁以前发生恋爱，就是早恋。也有的学者认为 14 岁以前恋爱算是早恋。但是，对于大部分家长来讲，孩子 18 岁以前发生了恋情，就是不被允许的，是早恋。这与父母望子成龙的教养观有关，中学时代学习第一位，耽误学习的事情要停一停，而上了大学后，就可以恋爱了，那就不是早恋了。

2. 什么时候，可以光明正大恋爱了呢

什么时候，青春期的孩子可以恋爱了呢？一般情况，就是高中毕业以后。这个时候，有的学生进入了高等学府，有的学生进入了职校，大家的年龄都超过了 18 岁，学习任务较轻松了，人格发展了，人生观、价值观趋于成熟，对人、对事的认知水平较高了，这种情况下，男孩女孩就可以恋爱了。

对待早恋，该有一个什么样的态度

大人眼里的"早恋"行为，中学生自己是怎么看待的呢？他们又是怎么做的呢？

广州市的一项调查发现，80% 以上的中学生认为在中学阶段恋爱是比较普遍的现象，有 31% 的中学生承认曾恋爱过，且认为恋爱是件浪漫的事情，有 32% 的中学生认为，只要把握分寸，不影响学习，恋爱是可取的。中国人民大学潘绥铭、曾静在研究中发现，有 35.8% 的中学生约会过，有 20.1% 的中学生接吻过，有

12.2% 的中学生有过性爱抚，有 3.8% 的中学生有过性行为。

那么，成人世界对待中学生的恋爱行为，该持以什么样的态度呢？

1. 正视现实：早恋有产生的土壤

从身心发展的角度来看，早恋有产生的土壤，那就是生理和心理的发展变化。

青春期的孩子从十岁以后就开始步入青春期，性腺分泌性激素，性器官逐渐发育成熟，外形上更具有性别特点，在性特征出现的动力作用下，青春期的孩子的性意识逐渐觉醒，对异性的好奇心不断加强，不自觉地就要了解、接近异性。

另外，青春期的孩子容易受到同龄人行为的暗示，拥有较强的从众心理。在班里或者校园里，如果有一对谈恋爱的，他们会心生羡慕，也会试着启动自己的恋爱行为。

青春期的孩子叛逆心理很重，父母管教很严的时候，可能产生逆反心理，和父母对着干。"你们不是不让恋爱吗？我跟女同学关系好些你们就认为是恋爱，我还就试试了。"这样的早恋行为，父母绝对是"媒婆"。

有的青春期的孩子错误地认为恋爱是一种很牛的行为，是一件体现自我价值的事情，于是，就用恋爱来满足自尊需要。

以上这些心理因素都是青春期的孩子恋爱的内在动力。父母了解了孩子的这些心理特点，有助于他们理解孩子，和孩子站到一起对抗青春期萌动。

2. 一定不要出手控制

情感具有不可控性，自己的情感都很难掌控，更别说掌控外人的情感了。尽管父母没有把自己当外人，但事实上，跟孩子是完全不同的两个个体，说白了，就是外人。所以，父母要想掌控孩子的情感，很难。对于正处于青春期的、正争取独立的孩子来讲，他们本能地会抵制父母对自己情感、行为的干涉。所以在恋爱这件事情上，父母最好不要直接控制。

父母不控制孩子看似约束了自己，其实是以退为进，反倒创造了和孩子过招时的主动条件："我尊重你的情感，你要喜欢就喜欢吧。但是，你不能出格，学生要有学生样儿，校规上写的就是我对你的要求，你不会看不到，你要把握好分寸，咱们谁都不为难谁。"

为什么那些看似不怎么在孩子早恋这件事情上较劲的父母，孩子反倒不出状况呢？不是他们不管，而是他们拿捏好了分寸：给孩子管好自己的机会，管不好，再出手！

3. 可以跟孩子了解，但绝不能评价

当父母了解到孩子跟某个异性关系很特别的时候，不要反对但也不要支持，更不能参与到两人的关系中去。如果两家不是朋友关系，父母千万不要请对方来家里吃饭、给对方送礼物。这样会让他们误认为父母默认了他们的关系，可能导致两人行为上的肆无忌惮，做出"恋爱"才可以做出的行为。

父母不禁止他们做朋友，但是也要告诉他们：做朋友，父母没有理由反对。未来还会有很多变化，一定不要在未成年的时候急于开花结果。

09 揭开早恋背后的错误教养方式

从小到大，张晶晶都按着父母的安排做事，是个乖乖女。张晶晶成绩好，懂事，从来不让父母操心。放学回家，主动写作业。平时，看会儿电视，妈妈说，时间到了，她会遵守约定，立刻关掉电视。买衣服也是妈妈买什么款，她就穿什么，从不在颜色、款式上和父母较劲。张晶晶像其他小女生一样喜欢吃零食，比如巧克力、果脯、饼干、酸奶等。但是不管她多么喜欢吃，只要妈妈说一句，垃圾食品，不要再吃了，她就不吃了。

谁想到，就是这么一名文静的小公主，初二的时候，和班里一位"公子哥儿"式的男生恋爱了。张晶晶和男孩一起去逛街、看电影、蹦极、看灯展等，较之以前，张晶晶的生活变得丰富了。妈妈知道后，简直气炸了，不断说服、教育，就是不管用。张晶晶觉得男生特别懂自己，对自己好，自己不能辜负对方的爱。

父母觉得女儿被那个男生带坏了，就去找男生的父母，希望他们好好管教一下儿子，别再缠着女儿。张晶晶知道后，和父母大吵大闹，还说，如果父母再这么做，自己就离家出走。这回，妈妈吓坏了，要是女儿和那个男生一起离家出走，事儿就真的大了。可是，不管，也不成啊。

青春期的孩子早恋与家庭教养方式相关

没有哪位家长愿意孩子在青春期"早恋"，对他们来讲那是一件特别头疼的事情。父母会想，耽误学习怎么办？同居怎么办？一起离家出走怎么办？不满情绪犹如滔滔江水滚滚而来，呼啸着在心间奔流，最后无奈只能概括成一句话：这孩子怎么这么不听话？

当然了，父母们也会对当下的社会环境表示出一些不满，公共场所的情侣们卿卿我我地表达爱意，越来越不注意场合，丝毫不考虑对青春期的孩子的影响，还有那些不负责任的网站、影片，肆意播放裸露的内容。这些对青春期孩子早恋都有诱导作用。

孩子早恋，固然受到社会不良风气的影响。无论父母多么努力都不可能完全屏蔽来自社会不良环境的影响，毕竟谁都不可能把孩子封闭在一个狭小的环境里，那样的话，孩子的成长问题反倒会更严重。

随着不断长大，孩子会对外部环境的影响具有了一定的抵抗力和选择能力。如果父母教养方式足够科学，孩子具有健全的人格，面对内心激动的情绪，会有一定的自控能力。他们会把对异性的爱慕之情限制在"朋友式交往"的范围内，彼此都另眼相待，但是不说破、不执行"大人式情侣关系"的爱的表达方式。

西南大学硕士生邱丽娜研究显示，父母教养方式与中学生早恋态度存在显著相关。具体到各个维度来看，早恋的肯定情感、错误认知、行为倾向均与拒绝否认、过分干涉、过度保护之间存在显著的正相关；对早恋的态度与过度保护、过分干涉、拒绝否认、严厉惩罚存在显著的正相关。

由此，完全可以得出结论，如果父母在教养孩子的过程中采用专制型、惩罚型、溺爱型、放纵型、忽视型等不科学的方式，那么，子女在家庭里要么感受不到来自父母的关爱，要么被溺爱，不是安全感不足就是规则意识不强。

不管男孩还是女孩，如果在家庭里没有享受到足够的爱，到了青春期，一旦感受到异性同学的关心，就会很享受，会觉得爱情来了，便很快坠入情网。如果父母对孩子很放纵，孩子规矩意识不强，对待人和事的态度会缺乏现实性和客观性，任意妄为。父母越反对，越"早恋"。

父母怎么做，孩子不早恋

当早恋发生后，有的孩子在父母的劝说下，认识到问题的严重性后，立马以平静的方式保持友谊而不再向恋人的关系跃进；有的孩子则不用父母说，就知道控制情感，不发展恋情。那么，父母以什么样的教养方式教育孩子，青春期的孩子才不会一意孤行去恋爱呢？

1. 采用民主式教养方式

民主式教养方式的特点是，父母充分尊重孩子，较少控制孩子的行为，亲子之间养成了良好的沟通习惯。在这样的教养方式下成长起来的孩子自知、自信，懂得尊重他人，也能尊重自己。这样的孩子到了青春期，即使有爱慕的对象，也还会考虑到学校、父母、对方的要求和态度，而不会任意妄为。

2. 不过分干涉

父母不过分干涉孩子的行为，孩子拥有自由活动的权利，犯了小错能够被父母包容，这样的教养方式有利于孩子充分地认识自己，看清自己内心真正的需要，有个性，不从众。事实证明，高压控制下长大的孩子，容易安全感不足，当某位异性令其感受到温暖，就会很依赖，即使对方对待情感的态度并不严肃也看不出来，还是飞蛾扑火般难以割舍。

3. 不过度保护

有的父母对孩子过度保护，事无巨细都要参与，这样的低尊重、低控制教养方式，容易使得孩子放纵、任性，无视规矩。当他们与异性发生恋情时，父母管教严了，就会和父母对抗。

4. 避免拒绝、否认的态度

父母拒绝、否认的态度，是对孩子极大的不尊重。孩子会感觉在父母面前没有人格尊严。一旦孩子形成了习得性无助，就会看低自己，失去自尊和自信。当这样的孩子与异性带来的体贴和温暖相遇时，就会陶醉其中，难以自拔，很容易做出不理智的行为。

5. 一定不要严厉惩罚

有的父母管教孩子的方式非常粗暴，孩子有一点不合父母心意，就要责骂，搞得孩子非常没有自信和安全感。这样的孩子往往不喜欢自己。当这样的孩子遇到欣赏自己的人的时候，心理上有了安慰，难免不会继续发展，管教起来也很难。

养育孩子，父母一定不要严厉惩罚，动之以情晓之以理，效果更好。面对青春期孩子，不管遇到什么情况，父母都不要严厉惩罚，与孩子一起面对，更容易从根本上解决问题。

4

青春期成人范儿：扛起肩头的责任

青春期的孩子因为不够成熟，还会犯一些"成长错"。这没什么，只要他们努力成长，积极进步，就能拥有最美大人范儿：上进心、自信心会随之而来；责任感、自我控制能力也会显著增强；跟他人相处的能力也会明显提高。

01 成绩不进步，如何破局

班主任找陈超谈话了，这位老师不轻易给同学压力，对于同学们的消极表现，他是能忍则忍，给足了大家机会。这次主动找上门了，陈超明白，老师对自己的行为实在看不过眼了。

课堂上，没有一次不走神的；写作业，没有一次不出错的。学习如此不在状态，是发生了什么大事吗？绝对没有。可就是学习不在状态。

老师说，我不得不跟你谈谈了。几位老师都反映你在课堂上不能集中注意力听讲。有这种情况吗？陈超点点头。老师接着说，我想，你不只是在课堂上无法集中注意力，就是背书、写作业也难以集中注意力，是不是？

陈超点点头。

老师说，你是大家看好的能够进步的学生，这样下去，你可能还会退步。有什么事情让你分心，解决掉，集中心思，好好学习。如果自己处理不好，来找我，我帮你。记住，你的目标是优等生，那么就要以优等生的标准要求自己。

这位老师特别负责，每个月都会和陈超谈一次话，既肯定他的优秀表现，也指出他需要努力的方面，前前后后经历了一年的时间，陈超跨入了优等生的行列。

导致学习分心的几个因素

一些成绩还算不错、具备一定发展潜力的孩子，他们使使劲就能够让成绩上一个台阶，出乎意料的是，他们不能集中心思学习，成绩不知不觉地滑下来了。面对这样的一个状态，需要找找他们无法集中精力学习的原因。

1. 学习态度不够端正

学习态度不够端正的话，学习行为就不够积极。态度是个体对某一特定事物、观念或他人，稳固的由认知、情感和行为倾向三个成分组成的心理倾向。如果青春期的孩子没有觉得学习是第一位的、最为重要的事情，就不能做到抓紧一切时间来学习。比如，容易受不爱学习的同学的影响；玩起来就忘了学习；写作业的事情，总是往后拖；等等。

如果他们没有认识到知识的重要性，没有深刻理解学习给自己的未来带来的好处，对知识没有极高的渴望，就不会全力以赴地去学习。比如，由于学习热情不高，遇到困难，就退缩了；不会主动寻求更适合自己的学习方法；不能按时完成学习任务；等等。

2. 非智力因素水平不强。

与优等生相比，处于上升期的孩子一定不是差在智力方面，他们的反应水平、记忆能力、理解能力等可能要高过优等生，但是，他们的非智力因素往往不够强。比如，情绪管理能力、自我控制能力、自我效能感、主动性、人际交往能力、不断进取意识等。

当搞不好学习的时候，非智力因素不强的学生往往把失败的原因归结为他们不够聪明、知识难度过大、父母不能辅导自己等，这些都属于自己不可控制的稳定因素或者外部因素，这样的归因方式属于消极归因，容易产生习得性无助。

3. 被一些事情分心

青春期的孩子心事多，随着第二性征出现、第一性征发育，他们产生了性欲望、性好奇，有了爱慕的异性同学，围绕这些事情产生的问题，令他们分神。青春期的孩子交友广泛，一旦结交了不爱学习的朋友，大家在一起闲逛、打球、上网玩游戏，玩野了，管不住自己了，在学习上就会分心。

集中心思，破冰前行

对于那些成绩中等偏上、有很大进步空间的孩子来讲，只要他们用心学，就能获取好成绩。那么，如何改变他们的学习态度，促使他们集中精力学习呢？

1. 树立正确的学习态度

态度由个人对这种行为会导致某种后果以及他对这种后果评价的信念所决定。很显然，不集中精力学习，就无法获取好成绩。青春期的孩子要养成一种对自己的行为进行评价的习惯，他们不但要知道不集中精力学习，就无法取得好成绩，还要告诉自己，学习一定要集中心思。这样，当他在学习上分心的时候，就会想办法改变。父母要帮助孩子树立一种集中精力学习的态度，让孩子懂得学习是第一位的事情，任何对学习构成干扰的因素，都要想办法克服。

当青春期的孩子不能集中心思学习的时候，父母不能跟孩子急，更不要觉得孩子不懂事，更不要说孩子身在福中不知福。他们就生活在了这样一个一家人围着一个人转的时代，这也是他们无法选择的。

父母先要肯定当下孩子的态度、信任孩子，相信他们也想把学习搞好。在这个基础上，和孩子一起对学习行为进行规划，比如，为了确保上课能集中精力听讲，在前一天，好好预习，搞懂没有掌握的旧知识。提示孩子，在课堂上要紧跟老师的思路走，偶尔走神时，要及时把自己叫醒。

学习态度和学习行为是互相促进的，在跟孩子讲了正确的学习态度后，学习行为就要跟进，这样，才能把目标落到实处，进入真正的改变阶段。

2. 父母可以参与管教

如果青春期的孩子自控力不强，不具备持久的坚持力，那么，即使孩子认识到了需要改变学习态度，也不一定能够落实到行动上。

父母不能手软，要监督他完成作业、检查他考试结果、参加优秀学生学习小组。因为，他们跟优等生的差距就在于有没有真正地学习。当孩子对父母的行为反感时，父母不要妥协，可以严肃地告诉他："我也不想这么做，但是你管不住自己，不能全心学习，我只有辛苦自己，花时间监督你了。"

3. 坚持制订计划

同为十几岁的中学生，同样是制订学习目标，有的人就能实现，有的人却目标成空。对于经常让目标落空的孩子，需要制订学习计划。计划是看得见的目标，可以减少孩子的迷茫感，避免散漫、拖拉。这样，孩子心中有目标，按着计划做，越做越觉得距离目标近，成就感越强，越能按时完成。

02 从当下的迷茫中走出来

师研躲在距离小区大门口几米远的牌子后面，把自己藏起来后，她两眼紧盯着小区门口的过往车辆，看到父母的车子出门后，她开心地走出来，返回家中，躺到了床上。

昨晚，头都想破了，才想出了这么个躲避父母监督的好办法。师研不想去学校，自己跟中了魔一般，上课就头疼，下课就好了。上课晕晕乎乎，成绩自然也晕菜。照这样的成绩，连普通高中都进不去，更不用谈什么考大学了，学着还有什么劲呢？每天花那么多时间辛辛苦苦地学习，还不能获得好成绩，还不如，早早上班，省得被拴在课堂上。上班多自由啊，还能赚钱。

师研跟老师请假了，说今天家里有事，不能去上课。她算好了父母要晚上才回来，在这期间自己可以自由自在地上网，她要发简历，找工作。一上午就发了几十份简历，下午睡了一个很舒服的觉，然后背着书包出门了，她要等父母下班以后再回家。

第二天，师研去上学，到了学校就傻眼了。数学老师进行周测试，师研会做的题目没几道。交完试卷后，师研有点后悔昨天没来上课，要是来上课的话，可以答得更好一些。

师研不愿意再辛辛苦苦地学习了，她觉得自己在学习这条路上走不出名堂来。可是，辍学的话父母会疯掉的，那样，自己就太不孝了，怎么办呢？师研不断地想这些问题，头都想破了，还是不知道该怎么办。

青春期的孩子最该明白：学习到底有什么用

孩子升入中学以后，功课内容变难变多，学习压力变大，在外界刺激下，会对学习这件事的价值进行怀疑。

青春期是孩子价值观形成的重要时期，在学习上，孩子有没有一个正确的价值观，直接影响了他们的学习行为、学习情绪、学习成绩。有的孩子被生活中一些特别的人或者事情刺激后，突然觉得学习没用。当他们看到当年的优等生在经济实力上比不过同班的差生时，不做理性分析，就迷茫了。父母不要怪他们，这个年龄段的孩子很感性，抽象概括能力不高，很容易做出错误的判断。

当他们说学习没用的时候，父母不要跟他们较劲，更不要觉得这个孩子完了，没出息了。其实，他们的内心还处于探索"学习到底有什么用"的阶段，抓住这个机会，帮助他们看清学习的价值，认识到学习的重要性，确立一定要好好学习的信念，他们的内心就不迷茫了。

有的父母会觉得，自己每天都在跟孩子讲，好好学习才有好前途、才能活得体面，可孩子听不进去。有的孩子听不进去，是因为他们觉得不好好学习也能有好前途。遇到这类孩子，父母无须借助专业的数据评估，只需稍稍开动脑筋，从世界、国家、身边的视角出发，粗略数一数，就看出有知识的人成功的概率远远大于没知识的人。

有的成绩不好的孩子觉得学不会，学习是白白浪费时间和精力，不如早早参加工作，积累职场经验。父母要告诉孩子，一个人的学习成绩并不是一成不变的，有多少耕耘就有多少收获。而且，学生在校学习的过程，除了获取科学知识外，还能锻炼其他方面的能力，比如，交往能力、组织能力、社会活动能力、运动能力、协调能力等等。

看清自己，完成学业

青春期是从少年到成年的转折期，在这期间，他们会因为看不懂自己、看不清未来、对社会有疑惑而迷茫，导致不能好好学习，这是一件很棘手的事情，父母需要帮助孩子看清自己，看清当下的情况，进行自我整合，早日走出迷茫，好好完成学业。

1. 帮助孩子走出迷茫状态

当一个孩子有自己的梦想、能够清楚地看到前方的目标的时候，即使心情低落，他们也会朝着目标奋斗。他们不会觉得学习没有用，更不会逃避学习。当他们迷茫的时候，父母给予开导，或者送他们一本很有指导价值的书籍，都有助于加速他们走出迷茫的进程。

但是，总有一些孩子不够幸运，他们无法走出迷茫，无法保持努力学习的状态，要么身在曹营心在汉学不进去，要么干脆不学习。这类孩子犹如找不到方向的鱼儿。如果找不到方向，就只能在海浪里随波逐流。此时恰逢青春期，如果旺盛的精力不在学习上消耗，就会寻找其他的发泄口。

父母所能做的，除了陪伴，还要监督孩子，避免他们跟不靠谱的青春期的孩子接触。当孩子的一颗心不断感受到来自父母的温暖，他就想着去温暖父母，顺应父母的心思或者接纳父母的观点，去努力学习。

2. 校园学习的好处有多大

大家都知道，孩子一生受到的教育包括家庭教育、学校教育、社会教育。哪种教育对孩子的成长都有着很强烈的影响，学校教育也不例外。青春期的孩子懂得校园学习的好处，更利于他们珍惜校园学习的时光，不荒废光阴。

在校园学习的好处太多了。在校园里的学习很重要，所学习的知识是一个人未来整个知识体系里最基础、最关键的内容，此时的学习能够为以后的深造与发展打下基础。一起学习的同学将是未来人脉结构里最重要的一部分，结交的朋友越多，长大后人脉越宽广。而且在和同学交往的过程中，还能够习得交往规则。在拼力学习的过程中，不但可以学会知识，掌握学习方法，而且有助于养成一种专注、坚持完成学习任务的品质。

03 "差生"最该知道：自己真的不差

朱俊华的成绩一直都不好，略略估算一下，在班级里，他大概得倒数前几名。朱俊华不爱学习，上课睡觉，课余贪玩，做不完家庭作业就拿同学的抄袭。当然，课堂上他也有不困的时候，但是因为听不懂老师讲的内容，他就和同学打闹，扰乱课堂秩序。

老师把他的表现反映给父母，父母很生气。妈妈问他："你怎么就不能好好学习呢？不惹事多好。"朱俊华说："我的成绩那么差，怎么能学习好呢？"妈妈说："你不好好学习，能不差吗？你试着好好学习一下，成绩总会好一些啊！"

就这样，在父母的鼓励和帮助下，朱俊华竭尽所能地努力学习，学习进步很快，最后从"差生"里脱离出来了。

认为自己差，会习得性无助

之所以有那么多学生会被差成绩击垮，就在于他们对自己的认识过于消极，他们把成绩差的原因归结于自己智力不够好或者所学任务难度过大。于是，在学习面前就对自己失去了信心，不敢挑战了。

如果一个孩子学习成绩很差，又没有能够拿得出手的特长，也没有什么特别的兴趣爱好，到了青春期，他可能已经习得性无助。长久以来，他们不断地觉得自己不行，久而久之便形成了消极的自我认识，对未来的设想变得消极。

当青春期的孩子对自己的能力打了极低的分数后，即使面临很简单的任务，都没有勇气去完成。为什么会这样呢？

1975 年美国心理学家塞里格曼用大学生当研究对象，做"习得性无助"实验。第一个实验是听噪声。他把被试分为三组：第一组听噪声，他们无论如何努力也不能使噪音停止。第二组听噪音，但是，他们通过努力可以使噪音停止。第三组是对照组，没有噪音。被试各自完成了第一个实验后，开始接受第二个实验：实验装置是一只"手指穿梭箱"，当被试把手指放在穿梭箱的一侧时，就会听到一种强烈的噪音，放在另一侧时，就听不到这种噪音。

实验结果表明，第二组、第三组被试在"手指穿梭箱"的实验中，会把手指移到箱子的另一边，使噪音停止，而第一组被试他们的手指仍然停留在原处，听任刺耳的噪音响下去，却不把手指移到箱子的另一边。显然，第一组被试由于屡次失败导致了习得性无助。

当习得性无助的个体经历了失败后，在情感、认知和行为上会表现出消极的心理状态。面对新的任务，他们不敢迎接挑战，趋向于努力避免失败。到了青春期，他们不能很好地整合出一个积极、向上的自我。在他们的眼里，自己的能力不强、很低，看不清未来的发展之路，就会更迷茫。

如果一个孩子看不到自己的任何长处，也找不到自己的任何好品质，再看看身边的同龄人，要么成绩好，要么会几种特长，内心那种对未来发展的恐惧和不确定就会更强烈。当孩子认为自己差的时候，最糟糕的情况是父母的不接纳，总是批评、指责或者打击孩子，伤及孩子的自尊。孩子觉得无法给父母争光是一件耻辱的事情，处于这样的心境下，一旦被外界激发，很可能做出极端的行为。

避免孩子习得性无助

当一个孩子认定自己不行、没有一点可取之处后，他们一定会对自己、对生活、对未来失去信心。当活着没意思的时候，接下来的选择：要么浑浑噩噩地活着，要么草率地结束生命。这样的价值观听起来太恐怖了。

当青春期的孩子轻生后，有的父母还是不理解自己的孩子为什么会这么看轻自己的生命。这些父母没有想到，当一个人的尊严被无情践踏，生活变得暗无天日，还愧对于父母的养育时，活着对他们来讲已经没有任何意义。作为父母，面对自己的孩子，即使他有一万个不如意，父母都要给予他们够得着的希望，让他们看到光明。

1. 多鼓励孩子

在父母眼里，学习好了，孩子的人生路似乎就更好走一些，也更宽广一些。孩子学习不好，他们心里着急，担心孩子没前途。当孩子的成绩差的时候，他们看孩子横竖都不顺眼。

对于习得性无助的孩子，当他们学习成绩不好，或者某次考试失误时，父母不要指责孩子，更不要贬低孩子。此时，孩子最需要的是鼓励。鼓励可以帮助他们认识到，如果自己努力，可以超越当下的不利形势，把学习搞得好一些。

有的父母觉得，成绩那么差，有什么好鼓励的呢？父母一定要明白，孩子成绩再差，总有做对的题目，分析一下他在解答这些题目时的解题思路、运用的原理、掌握这些知识的方法，孩子会觉得："哇，我好厉害啊！"当父母看到孩子自信心在上升的时候，就鼓励他，按着这样的方法学习其他知识。

父母领着孩子一个知识点一个知识点地去掌握，掌握得越多，在学习上越有自信，就不会习得性无助了。

2. 让孩子感受到自己有无限的可能

当孩子为成绩差而苦恼的时候，父母所要做的就是让孩子看到他的特长，音乐、绘画、运动、写作、篮球、做公益等等。这些特长，不管孩子拥有哪一项，好好发展，都足以成为未来人生发展的重要资本。

对于擅长的领域，孩子学习起来更有兴趣，更容易学出成绩。当孩子成绩不错时，能感受到成功的满足感，对自己就有了新的认识，觉得自己也很出色。他们还会想到，只要努力付出就有收获。受此启发，他们在学习上也就肯出力了。

04 "学霸"的夙愿：百尺竿头，更进一步

王绍是个"学霸"，从小学开始，到现在的高中，在年级里，成绩一直名列前茅。在别人眼里，王绍考进名牌大学是板上钉钉的事情。最让同学佩服的是，王绍的日子过得并不"学霸"，他没上过补习班，没屏蔽过任何课余活动，还酷爱打篮球。星期天上午去打篮球是雷打不动的事情。

最近，王绍变了。他向好朋友们宣布："以后，周末，我不去打篮球了，大家别喊我了。我要加劲学习，争取学习成绩保持前五的水平。"大家不理解，疯了吧？保持年级前十就已经很了不起了，还要前五，这不是在自虐吗？

王绍废寝忘食地苦学了大半年，但成绩提高得并不显著。王绍不理解：自己这么用功，怎么就进步不大呢？

动机过强，优等生可能进步不快

优等生想要"百尺竿头，更进一步"，便更加努力，但是有的进步了，有的停止不前，有的却后退了。同样是优等生，同样有进步的愿望，同样都在加劲，为什么有的学生没能如愿以偿呢？

一些优等生进步心很强，他们不断地做出各种努力，多看书、多做题、做难题，结果呢，一点进步都没有。为什么会这样呢？这在于他们的成就动机过强。过强的成就动机往往使学习者情绪过于紧张，导致注意力和知觉范围变得狭窄，由此限制了学习者正常的智力活动，降低了思维效率。因此，当优等生寻求进步的心愿特别强烈的时候，尽管每天花费了更多的时间在学习上，但"劳心劳力"过后，成绩仍不见提高。

心理学家尤古罗格卢和华尔伯格曾经选择了 63.7 万个 1—12

年级的学生作为被试研究动机与成就的关系，得出结论：成就动机强的被试较之成就动机弱的被试更能坚持学习，学习更有成效。但学习动机强度与学习效率并不完全成正比。在一定范围内，学习效率随学习动机强度增大而提高，直至达到学习动机最佳强度而获最佳，之后则随学习动机强度的进一步增大而下降。

这回就明白了，如果优等生特别急着进步，付出的努力可能与结果不成正比。相反那些并没有钻入题海战术的优等生，他们的日常生活依然丰富多彩，成绩反倒是进步了。

优等生的努力法则

学习如爬山，爬山的时候，越接近山顶，体力消耗越大、山路越陡峭、空气越稀薄，越考验登山者的素质。学习也一样，优等生要想进步，可不是一味地做难题能够实现的，要讲究一些方式方法。

1. 避免题海战术

对于一位成绩不错的优等生来讲，为了提高成绩，他们最容易采取的方法就是题海战术、时间战术。很显然，置身题海，带来的进步与付出的时间和精力肯定不成比例。

为什么这么说呢？一道题一道题地做，题目里绝大部分是已经会做的题目，对于时间很紧的中学生来讲，再做一遍烂熟于心的题目，无异于浪费时间和精力。当做题成了一种机械性练习的时候，既不能促进大脑发育，也不能获取更多的知识。

优等生要想高效地提高成绩，要多花一些时间在稍差的科目上、学着费劲的科目、曾经出错的内容上。

中学生考试题目的设置，在难易程度上有个标准，高考试卷是按照《考试大纲》来确定分值分步。优等生要给自己一个提示，不要钻入难题、怪题圈里，那样，对于考试无益，对于提升学习品质也没有好处，反倒是占用了大量的时间。

2. 不断接触新知识

为什么那些在高考的时候取得高分的学生，既不是"补习控"也不是"书呆子"，而是热爱广泛、兴趣多样的那一类学生呢？因为这类学生的学习方式决定了他们的大脑更灵活。

神经科学的实验显示，学习经验在大脑以突触连接的形式保存，在个体习得新的知识、经验的过程中，大脑中会不断地形成新突触或者修正已有的突触连接。当突触的数量或形态不断发生改变时，神经元之间的连接增加。

3. 别遗忘了基础知识

任何一个人学习知识，都有个遗忘的过程，即使最基础的概念、定理、诗词等也会忘记，所以，学习过程中需要不断复习。有的优等生觉得，自己当时已经掌握得很熟练了，没必要花费时间再看了。事实上在考试的时候，很可能提取不出来。

在心理学上有个经典的名词叫作知晓感，是指相信某信息能从记忆中提取出来，但现在又提取不出来的一种心理状态。知晓感说明，即使自己觉得记住了，却不能保证把所记忆的内容顺利提取出来。

基础知识在考试当中所占分值不低，疏忽不得。优等生在学习的时候，一定不要忽视基础知识。

05 不因出错而看低自己

张欣怎么也不会想到，自己刚拿出手机，才读了几分钟的网文，班主任就从后门进来了，抬头和老师对视的那一刻真的很尴尬，更尴尬的是，这是第二次被老师发现了。张欣默默地把手机交给老师。上次被发现，张欣就下决心，以后再也不在自习课上看网文了，可是，这次还是没有忍住。哎，等着老师批评吧。

这事刚平息，又来一件。

放学后，张欣和几位男同学看到学校阅览室的门没有锁，几个人进去了，一人选了一本杂志拿回家了，为了表明自己看完了就送回来，出门前，他们写了一张借条，放在了老师的桌子上，把门带上就出来了。值班校长检查门窗时，发现了这个问题。

第二天，张欣和几位同学一起被叫到了校长室，接受教育。校长的一句话点醒了几个孩子："你们是这个学校的学生，作为这里的一员，看到阅览室的门没锁，你们就没想到告诉老师一声吗？你们有责任跟老师说一声啊。你们都知道已经过了借阅时间，就不该再借书了啊。为什么还借阅呢？"张欣想想，是这样啊。

事后，张欣反思，自己怎么总是不断地犯错误呢？

看清自己的能力，坦然接纳自己的水平

青春期的孩子很容易懊恼，即使他们以大人的标准要求自己，很努力地去做一件事情，十分期待把事情做圆满，但是，结局却不尽如人意。青春期的孩子能否搞清出现这样的结果的原因并接纳这样的结果，体现了他们自我认识的水平。

1. 行为能力不够成熟

大部分青春期的孩子是在父母的宠爱下长大的，在家里较少

做事，所以，不具备与年龄段相匹配的动手能力；他们与社会接触不多，没有办理过社会事务，办事情容易出纰漏。

进入青春期后，他们的独立愿望特别强烈，渴望自主，要自己做事情。但是他们对自己的能力认识不清，于是，做不好事情后，就会觉得"自不量力"、莽撞行事，心里不舒服。

2. 考虑问题不够全面，事后思虑多

一个人全面考虑问题的能力，需要心理上的成熟。青春期的孩子正处于"青春断乳期"，理性不足，易冲动，很敏感，过后思量又特别多，给自己增加了很多烦恼。

李雨桐最近特别苦恼，她的爸爸妈妈要离婚。虽然他俩打了十几年了也喊了十几年了，但他俩一直生活在一个屋檐下。这次是动真格的了！李雨桐特别害怕失去他们中任何一个人，也不愿意过这种战火弥漫的日子。她渴望一家人其乐融融的场面。因为这事，她常常上课走神，没法安心学习。她把心中的苦恼说给同桌听，谁知道，同桌竟然告诉了班主任。班主任为了安抚她的情绪，还找她谈话了，希望她坚强一些，不要因为家里的事情影响学习。虽然被老师安抚后内心感觉好多了，但她还是有点生气。同桌怎么可以没有经过自己的允许就把家里的事情告诉老师呢？她生自己的气，为什么要把家里的事情跟同桌说？为什么不跟同桌说一声别跟别人说呢？

青春期的孩子有时很敏感，做事情考虑不到后果，为此，增加了很多烦恼。

3. 情绪化

青春期的孩子情绪容易激惹，遇到情况就爆发，在非理性状态下，容易做出非理智行为。

王源做值日的时候，不小心把同学的笔记本弄上水了，同学

很生气。王源没察觉到同学生气了，当同学质问他，是不是他把笔记本弄上水了的时候，王源觉得对方很矫情，很生气地说："我不知道！"对方也很生气："你一句不知道，就完事了？我把你的本子也洒上水！"当对方拎着矿泉水过来后，王源一伸胳膊把对方撂倒了，导致同学扭伤了脚脖子。事后，两人都很后悔。

青春期的孩子大脑前额叶相对于身体其他部位，发育比较落后，这个生理特点限制了他们控制能力的发展，加上社会经验不足，导致了他们解决问题的方法比较愣。遇到刺激，就容易爆发。

青春期的孩子在认知、行为表达、情绪、自我控制能力等方面的发育、发展情况，决定了他们还处于容易犯错的阶段。

以负责的态度成长

成长是一个不断犯错的过程，这是孩子的特权。这份权利不仅仅由刚出生的宝宝享有，青春期的孩子也同样拥有。只是，青春期的孩子已经具有了一定的判断力、自我反思能力，犯了错误后，只有自觉改正，才能不断进步。

1. 不要害怕犯错

既然成长是一个不断地积累经验的过程，那么，就不要害怕犯错，不要因为一次错误而停滞不前。为了满足自己的需求而伤害了他人，这样的错误最好不犯。犯了错误，一次足矣，要深刻反省，避免以后再犯。有一种错误是因为能力不够而没把事情办好，造成了一定的损害。当青春期的孩子因此而愧疚的时候，父母安慰一下孩子，手把手教会他们怎么做，如果有可能，让他再来一次，这样，孩子就不会因为一次的失误而畏首畏尾。

青春期的孩子需要更多地融入社会，积极参与到学习、生活、社会活动中去，较多地去感受"错误"、学会正确的做法，就能真正地减少错误，用青春的活力点燃成功。

2. 不断地自我反省

古人云："吾日三省吾身。"自我反省能让古人进步，今天的人们也可以通过反省来提高自己。自我反省可以让自己更清楚地看清自己做的事情，这些事情给自己、他人带来的影响，从而更清楚地认识自己的能力、自己的人际关系，确立未来的努力方向，做个"吐故纳新"的人。

青春期的孩子的成长任务是实现自我同一性，他们需要看清自己是个什么样的人，具有什么样的能力，将来能做什么。青春期的孩子必须不断地自我反省，才能搞清这些问题，得出一个客观的答案，顺利完成青春期成长任务。

3. 汲取他人错误的经验

通过观察学习他人的经验是成长的重要方式，当别人犯错的时候，青春期的孩子不妨细心观察，从别人的得失中获取间接经验，这样自己可以少犯错误，少走弯路。

06 用诚信丈量一下你有多负责

杨帆和同学约好，周六一起看电影，到时，顺便给同学带一本书，同学想利用周六和周日的时间把这本书看完。

到了周六，杨帆翻遍了整个书架也找不到那本书，最后，想起来借给表妹了。怎么办呢？杨帆急得团团转。

妈妈告诉他，别找了！你去新华书店买一本，然后带过去不就行了吗？杨帆惊讶得瞪大了眼睛："我有这本书，还买啊？"妈妈说："可是你眼下手里没有，你答应了人家。要不，给同学打个电话，给他带这个作者写的另一本可以吗？你是买，还是带另一本，你自己决定。"

杨帆给同学打了电话，商量好，这次带另一本，等表妹送回来，再给他带约好的这本。

讲诚信，为自己的行为负责

任何一个国家、一个民族、一个团体、一个人只有讲究诚信，才能赢得信赖和尊重，才能有所付出有所获得，才能不断走向强大。青春期的孩子不但要懂得这个道理，还要真正地落实到行动中去，努力成为一个对自己、对他人、对社会负责的人。

诚信能够给一个人带来什么？带来快乐、带来成功、带来和谐。青春期的孩子如果足够有心，在与人交往的过程对此已经有过无数次的体验了。诚信能够为自己赢得好人缘，让自己在朋友圈里有威望。诚信能让老师信任自己，愿意把工作交给自己去做，让自己的工作能力获得了充分的锻炼、提升，获得了自信。诚信可以让自己看清自己的优势和不足，踏踏实实做自己能做的事情，想办法提高不足之处。诚信让自己的生活过得坦荡荡，家里条件不够好，就不追求高消费，也不跟同学攀比，穿着普通衣服依然信心满满。

诚信能让一个人日子过得更轻松、更踏实，能让人更清楚地知道努力的方向。

古人云："诚信于君为忠，诚信于父为孝，诚信于友为义，诚信于民为仁，诚信于交为智。"讲诚信，具体到日常行为中，只不过是"说到做到""不坑不蒙""言行一致""践行约定"，不管和谁共事，都足够负责任，把诚信落到实处，也会收获同样的诚和信。一个人对别人讲诚信，在他人眼里就是一个负责的人，对方就愿意以诚相待。

要学会以诚信的标准要求自己

父母从小就教育孩子做人要诚实，不能撒谎，到了青春期，大多数孩子已经懂得以诚待人，很多孩子形成了真诚、正直、忠诚、守诺、无欺等好品质，那么，就继续以诚信的标准要求自己，这有助于这些好品质的内化、巩固。为了不让自己为难，青春期的孩子要记得许诺的时候要真诚、冷静，考虑周全再答应别人。

1. 不盲目许诺

青春期的孩子一定要记得，答应别人的某个请求时，一定要谨慎。有人请求帮助，如果不仔细思考，顺嘴就答应人家了，很快就会忘到脑子后面去了。这么做，不仅耽误了别人的事情，还有损自己的名声，在别人眼里，你不够真诚，不够负责任！以后谁敢相信你？谁愿意跟你共事？

当有人求助的时候，自己做不到，委婉拒绝，一点都不失体面，也不会让对方难堪。反倒是，打肿脸充胖子害人害己。青春期的孩子一定要记得，有人开口请求帮助，答应时一定要确认自己有这个能力，如果不具备这个能力就要拒绝。但是，拒绝的时候要讲明自己的难处，让对方感受到自己的真诚。

2. 答应了，就尽力去办

青春期的孩子一定要明白，既然答应了别人的要求，那么，对方就有了一种美好的期待，一旦做不到或者做不好，都会让对方失望。所以，一旦答应，就竭尽全力去完成。

有的时候，孩子答应别人的事情，在父母看起来有点不可行。但是，在确保孩子安全的情况下，父母要支持孩子履行诺言。

举个例子：儿子接受同学的邀请，去参加对方的生日会，父母知道后不同意，他们觉得这位同学是个不靠谱的学生，平时喜欢跟老师作对，成绩也很差，跟他混在一起，岂不是把自己往低处拉？在他的生日会上，来的朋友是什么人，非常值得怀疑。会不会有抽烟的，酗酒的，或者吸毒的？父母越想越不放心。可是，阻止不了儿子，最后，父母同意了儿子前去，但是要约法三章：

第一，晚上 10 点，父母去接他，一定要回来。

第二，不能喝酒、不能吸烟、不能碰毒品。

第三，不能单独和女孩子待在一个房间。

在父母这样的严格要求下，这个孩子安全回来了。后来，父母辗转打听到，那天，有孩子喝酒了，喝完酒打架了！参与打架的有女生。父母把这些情况讲给孩子听后，要求他以后不要答应这个孩子的邀约，太危险。儿子同意了。

07 想喝酒：控制住

周末，乔丽的妈妈回到家里，发现一瓶打开的葡萄酒少了大半瓶，感到好奇之余，打开瓶盖闻了闻，感觉味道不对，便更蹊跷了。于是，她倒了一小杯，轻啜一口，兑水了？怎么会这样？

妈妈轻轻推开乔丽的房门，看到女儿和她的朋友正在呼呼大睡，枕边的手机还在放着电视剧，可能是看着看着就睡着了。妈妈走过去，想给她们盖个被子，不小心踢到了床边的布袋子，哗啦一声，易拉罐？妈妈蹲下来打开袋子，看到了三个喝空的易拉罐。

妈妈明白了，女儿不仅喝了红酒，还喝了啤酒，于是，就这么香甜地睡着了，连妈妈进房间都没意识到。妈妈想到，女儿趁着自己不在家的时候带着同学在自己家喝酒，那么，很可能也去同学家喝酒了！喝酒后就大睡……妈妈越想越害怕，几乎惊出了一身冷汗。她什么时候学会喝酒的呢？妈妈决定要好好管教管教女儿。

青春期的孩子要懂得：自己不能喝酒

对青春期的孩子来讲，喝酒的危害很大。有的父母可能没有意识到，对这方面管教不严，才导致了孩子早早就学会了喝酒。那么，父母就要和孩子一起补充一下关于饮酒的危害。

1. 青春期的孩子喝酒，容易上瘾

海德堡大学心理健康研究中心的心理学家施耐德和史班纳格通过实验得出结论，青春期大脑特别容易受到药物奖赏，孩子在青春期饮酒，在日后的生活中会表现出对酒精的追求。他们在研究中还发现，首次饮酒发生在青春早期的个体，与首次饮酒发生在青春期之后的个体相比，更容易喝多、饮酒也更频繁。看来，青春期开始饮酒的人，更容易成为"酒鬼"啊！

英国育儿专家安妮塔·克利尔说，青春期的孩子的大脑比成年人"更能干"，当他们得到向往的事物时，大脑分泌的"快乐激素"多巴胺比成人更多。所以，青春期的孩子一旦喝酒，很容易上瘾。

2. 大家一起喝酒，容易失控

青春期的男孩女孩在一起喝酒，很危险。青春期的孩子不够成熟，清醒的时候都控制不住自己，酒后就更难说了。

如果青春期的孩子之间有爱慕倾向，平时碍于学校和父母的压力，还能控制住情感，当大家一起喝高兴了，难免"借酒壮胆""酒后控制力降低"，向着异性表白或者做出更离谱的事情，清醒以后，可能会很后悔。

有的时候女孩在外边吃饭会被劝酒，这种情况很危险，万一喝醉了，发生什么事情，可能遗憾终生。为了自己的平安，女孩要有戒备心，在没有父母陪伴的情况下绝不能喝酒。父母要告诉女孩，只要平时做到滴酒不沾，大家知道你不会喝酒，就不会被劝酒。

如何才能抵挡酒的诱惑呢

父母当然不愿意孩子喝酒上瘾，更不愿意他们因为喝酒而误事，那么，父母怎么做，才能让青春期的孩子不喝酒呢？

1. 父母不酗酒

一般的家庭里，用餐的时候，父亲会喝一些酒，这一点一般不会带给孩子不公平感，但是，如果父亲每天喝得醉醺醺的或者经常带一帮朋友到家里划拳斗酒，那么，孩子一定会受到影响。

曾经有个讲述父亲酗酒的故事，特别生动。有个父亲嗜酒如命，每天都喝得醉醺醺的，没有能力赚钱养家，老婆走了，剩下唯一的儿子与他相依为命。有一天，他手里拎着喝剩下的半瓶二锅头，乘着月色，晃悠悠地往家走。迷迷糊糊中，他发现地上有一个短小的影子跟着他，他很纳闷。他想知道是怎么回事。于是，他闪到一边，猛地一回头，看到了缩小版的自己。儿子手里拎着一个矿泉水瓶，一步三晃地跟在自己的后面。看着饶有兴趣的儿子，心像被针扎了一样疼痛，他扔掉酒瓶，抱起儿子，泪流满面地回家了。从那以后，"酒鬼"不见了，却多了一个幸福的三口之家。

言教不如身教。父母要想孩子不喝酒，先要自己不酗酒。否则，即使父母一天到晚在孩子面前重复："不能喝酒。"孩子心里也会有个声音："喝酒不好，您怎么天天喝呢？"即使父母紧紧盯着孩子，他们也有机会喝酒，因为现在的酒品种太多、太容易获得了。父母要求孩子不喝酒，最基本的做法就是自己不酗酒，少喝酒。

2. 避免"从众"

即使父母第一次发现孩子喝酒，也不能等闲视之。父母要想到，第一次发现孩子喝酒可不一定等于孩子第一次喝酒啊。父母要搞清楚，孩子和谁喝的酒，在什么情况下喝的酒。如果孩子第一次喝酒，是在同学的某次聚会上，喝了一点红酒。父母应该想到，迫于大家都在喝的压力，即使孩子没有喝过酒、内心对酒充满了未知的恐惧，也扛不住团体的行动力，很容易就"从众"了。既然只是喝了一点点，那么，说明孩子的防范意识很强。

为了避免孩子在以后的日子里，迫于环境压力而喝酒，父母可以告诉孩子一些拒绝的方法。"我不能喝酒，如果我喝酒了，我父母会扣掉我一整年的零花钱。""我喝酒头晕、头疼，真的不能喝！""如果我喝酒，就会被父母暴打的！"这样的理由抛出后，即使坚决不喝，大家也不反感，甚至还有可能会很同情。最关键的是，还可能引发那些同样处于尴尬状态的同学的共鸣。

不管父母多么担心孩子参加同学聚会的时候会喝酒，也不能强行阻止他们的行程。那样的话，孩子逆反起来，本来不想喝酒，倒因为跟父母赌气而喝酒了。为了很好地了解孩子有没有喝酒，父母们可以形成联盟，孩子们在谁家聚会，就由谁来负责监督和控制，坚决不让孩子喝酒。大家养成"聚会不喝酒"的习惯后，酒对他们就没有那么大的吸引力了。

3. 尽可能地多发现问题

在处理孩子饮酒问题的时候，父母要冷静，不要因为愤怒而失去理智。要知道，任何一个不良行为的背后都有着复杂的心理活动。如果父母跟孩子说了饮酒的害处，并且严格禁止他喝酒，在这种情况下他还偷偷摸摸喝酒，那么，这种情况可能隐藏着更深的教养问题。父母耐心和孩子沟通，找到问题的根源，解决后，才能根除孩子喝酒的不良行为。

08 "小鲜肉"刷屏，如何寻找偶像

王欢在看了一篇小鲜肉耍大牌的文章后，心里有点不舒服，自己的偶像怎么会这样呢？自己平时也会发脾气，但是学习的时候可是一丝不苟。那么多粉丝喜欢他，他拿那么多的片酬，说撂挑子就撂挑子，怎么能这么不敬业呢？

他把自己的苦闷说给同学听，同学说："哎，我也很失望。和那些老戏骨比，他们差的真的不只是演技啊。"

还有同学说："你太 out 了，小鲜肉没资历，演技差，为什么片酬那么高，那么大牌，全在背后的推手啊！'小鲜肉经济'，全是套路！"

王欢耐心地读了好多篇文章，才算了解"小鲜肉"的"前生今世"。那些小鲜肉们，被娱乐经纪公司发掘出来，经过短期推送，造型成功后，因为涉世未深，很少会花费心思去提高老戏骨们最在意的演技、艺德，很容易迷失在粉丝、鲜花、赞美、金钱里。他们往往觉得这是自己应该得到的，觉得自己具备这么大的价值。在他们眼里自己就是"天王"，对所谓的演技，完全不屑一顾。

王欢看清楚那些光鲜亮丽的小鲜肉们后，对他们失去了兴趣，反倒敬佩起那些不辞辛苦、默默塑造角色的、"戏比天大"的老艺术家们了。

青春期的孩子为啥要追星

青春期的孩子喜欢追星。父母一定要清楚，追星不是今天才有的事情，粉丝对待明星的狂热也不是青春期的孩子的发明。

人称"诗王"的唐代大诗人白居易，在当时有很多粉丝，荆州街卒葛清就是其中一名狂热的迷恋者。他"自颈以下遍刺白居易

舍人诗，凡三十余处"，"若人问之，悉能反手指其去处，沾沾自喜"。而且，还给这些诗配上了图画，他的身体堪称一道图文并茂的人体书，人称《白舍人行诗图》。

诗人满足了读者对于诗的喜欢，因此得到了读者的追随。古人追星到体无完肤，足见当时世人对诗人的狂热崇拜。在唐代，人们因为喜欢诗歌而崇拜诗人，那么，今天，青春期的孩子为什么会狂热地迷恋明星呢？

1. 为了体验价值感

青春期的孩子自我意识逐渐增强，有了"成人感"后，他们要感受自我价值，这需要拥有社会角色，去工作、去为家庭成员服务、去体验为社会创造价值的过程。但青春期的孩子还在读书，处于社会角色的"空白期"，不能照顾家人，没有工作、没有社会地位。他们不断地寻找各种方式来充实内心渴望的"成人感"。追星，代入影视剧中人物的角色就是其中很重要的、适合青春期特点的一种方式。

青春期的孩子在追星的过程中，能间接地从影视作品里的角色、明星本人的成长故事中，来体验某种社会角色所经历的成功的喜悦、失败的痛苦等。

2. 满足了外形上的模仿需要

孩子进入青春期后，开始注重外部形象，他们想把自己打扮得时尚而另类，需要外形上的参照。大多数的青春期的孩子见到的都是经过特殊处理的明星的海报、照片，这些被美化了的形象比本人更美好，更能吸引青春期的孩子的目光，成为他们穿衣打扮的模仿对象，这些形象满足了他们追求时尚、展现个性的需要。

3. 情感获得了共鸣

青春期的孩子情绪情感波动大，他们渴望搞清楚自己为什么有这样的情绪变化，也渴望获得理解、产生共鸣。很多优秀的影视作品、歌曲很好地表达了青春期的苦与痛，青春期的孩子在观看影视作品、欣赏歌曲的过程中，能够宣泄情绪情感。于是，这些演员、歌星就成了理解他们的"知音"。

追星，不能角色化

追星满足了青春期孩子的心理需要，合情合理，但是，追星不能过度，过度会失去自我。更不能盲目崇拜被包装起来的明星而脱离现实、异想天开。那么，青春期的孩子应如何把握这个度呢？

1. 可以崇拜角色，但不能崇拜角色化了的明星

青春期的孩子要记得，不管喜欢哪个明星，好感的发生在于明星对于某个角色的塑造或者某一次的演出。作为一名观众，如果混淆了角色和明星本人，就会误认为明星本人是角色，拥有角色的好品质，这么想，等于把明星角色化了或者说艺术化了。

当最先接受的信息形成的原始印象，构成了一种记忆图式，后来的其他信息往往会被整合到这个记忆图式中去，认为这个明星就如同他饰演的角色一样正向、有内涵。

2. 是否是真正的明星，用时间去检验

青春期的孩子要明白，明星团队掌握着更多的资源和渠道，呈现出来的很可能是被美化后的形象。在追星这件事情上，一定要具备独立的思考和辨别能力，对于因为角色而喜欢上的某个明星，如果没有多年的观察，就不要崇拜，更不要唯明星是瞻。

出于商业利益考量，明星所带的光环，需要一定的策划和包装。青春期的孩子一定要记得，这不是他们真实的自己。关键时刻，他们可能会暴露自己的粗浅，虽然明星也是人，偶尔一次可以谅解，但是屡次出现负面新闻，那本身素养可能存在问题。对于一

个人品不够高尚的明星，还要去崇拜，会给自己带来负面的影响。

自媒体时代，多元化的价值观决定了人们对明星的喜好大不相同。但是，三观要正是对明星最基本的要求，优胜劣汰要靠时间来完成。被时间选择的明星，更符合社会价值选择的方向。一个有社会责任感的明星，他一定是谨言慎行，克己为人，这是作为公众人物的基本素质，不然，负面影响会很大。

09 能对"网瘾"说不

"五一"七天假，张军一家本计划出去游玩，但出门前一天，张军得了肠胃炎，一家人不得不改变计划，父母先出发，张军留下来接受治疗，治好了愿意去就去，不愿意去就留下来陪爷爷奶奶。最后，张军选择留下来陪爷爷奶奶。

爷爷奶奶身体很棒，能和孙子这么长时间待在一起，他们特别开心，每天换着花样地给他做好吃的，不需要他做任何事情，这使得张军有大把的时间上网玩游戏。

早就听同学聊起过他们玩的"手游"特别刺激，由于父母管得紧，自己一直没玩过。这回，终于有机会上手了！不玩不知道，一玩就爱上了！玩起来，感觉完全进入了另一个世界，什么作业、父母的叮嘱，全丢了。

张军什么都不想，就是玩游戏！迷迷瞪瞪地，一个假期就过去了，连假期作业都是前一晚上临时抱佛脚完成的。假期结束，开始上课。课堂上，张军还是会想到游戏，想着哪里玩得不够好，应该怎么玩才好！一连几天，放学后，他竟然又鬼使神差地玩起来游戏。

好在被父母及时发现，妈妈说："我知道你假期玩了很多游戏，也知道你上瘾了，但是必须戒掉！"妈妈的一句话点醒了张军，他明白这样下去自己的学业就完蛋了，于是，他狠下决心，彻底不玩儿了。

每个孩子都该有网络自制力

网络很有吸引力。不用说孩子，大人不是也一样吗？坐在电脑前，一边工作一边浏览网页，看看自己心仪已久的商品有没有打折；去朋友圈逛一逛，顺便点个赞，回复回复消息；翻一翻热点新闻，持续追踪一下。网络就在手边，谁能不用呢？

很多家长理直气壮不让孩子上网，理由是：为孩子好，孩子一旦上瘾，前途尽毁。家长担心的是孩子上网成瘾，简称"网瘾"。网瘾，是由于重复地使用网络所导致的一种慢性或周期性的着迷状态。家长有这样的担心很正常。

有科学研究显示，青春期大脑容易上瘾。科学家曾经通过实验证明，一次胜利会让身体分泌更多的睾丸激素，使得下一场比赛更容易获胜，这样，就形成了一个激素反馈回路。在打游戏的时候，"赢"不但能使得身体分泌更多的睾丸激素，还会分泌较多的使人体愉悦的多巴胺，就这样，青春期的孩子不断地被刺激，在愉悦感、胜利的喜悦的冲击下，很可能会上瘾。

但是，并不是每个孩子玩过一次游戏，都会沉迷其中。毕竟，让孩子上瘾的事情还有很多。比如，学习、运动、交友、读书、发明创造等，这也能够给孩子带来刺激感、愉悦感，如果孩子能够不断地从这些事情里获得愉悦感，也会上瘾，他们会为了做这些重要事情而减少对网络的迷恋。

父母怎么做，孩子才不会迷失在网络里

到了青春期，一个身心健康的孩子一定会知道什么该做什么不该做，之所以产生了不良行为，比如，上网成瘾，一定有其深层的心理问题。

1. 父母重视孩子的身心健康

一个身心健康的孩子不是不上网，也不是不玩网络游戏，而是能够控制自己，不会陷入网络游戏中不能自拔。

衡量青春期的孩子身心是否健康是每位父母时刻都在关注的

内容。美国心理学家马斯洛和米特尔曼提出的心理健康的十条标准被公认为是"最经典的标准"：

（1）充分的安全感。

（2）充分了解自己，并对自己的能力作适当的估价。

（3）生活的目标切合实际。

（4）与现实的环境保持接触。

（5）能保持人格的完整与和谐。

（6）具有从经验中学习的能力。

（7）能保持良好的人际关系。

（8）适度的情绪表达与控制。

（9）在不违背社会规范的条件下，对个人的基本需要做恰当的满足。

（10）在集体要求的前提下，较好地发挥自己的个性。

2. 保持良好的沟通通道

父母和孩子保持良好的沟通通道，父母愿意倾听孩子的心声，尊重孩子的选择和判断，孩子的行为底线里一定有父母的赞许、好恶，父母不主张、不赞同的事情，孩子做起来会有所顾虑。

如果孩子不愿意和父母沟通，父母就要自我反省一下，不要觉得自己给了孩子好的物质生活，孩子就愿意向父母说出心里话。孩子需要父母尊重、理解他们。只有和他们并行在青春路上，他们才可能向父母敞开心扉。

3. 生活充满阳光

如果一个孩子热爱学习，在学习上顺利前行，有自己的兴趣爱好，每一分钟都过得非常充实。那么，不管是学习还是兴趣爱好都是他们幸福的源泉，都在他们的梦想里闪闪发光，那他们怎么会沉迷于网瘾而不能自拔呢？父母想办法让孩子做一个好学生，是避免"网瘾"的有力武器。

4. 社会交往顺畅

青春期的孩子主要的交往对象是同龄人，他们需要有自己的交往圈子，从中获得归属感。青春期的孩子拥有较强的归属感。归属感既是个体情感的表达，更是个体对集体的依赖。

著名的心理学家马斯洛认为人有归属与爱的需求。这种需要若不得到满足，他们将"强烈地感到孤独、感到遭受抛弃、遭受拒绝，经受举目无亲、浪迹人间的痛苦"。网络带来的欢乐，能够把缺少归属感的孩子从痛苦中暂时解救出来，所以，他们会迷恋。父母要想孩子不去网络里寻求归属感，就要支持孩子的社会交往。

10 拖延：不断弱化你的责任感

周五放学前，语文老师布置了一个学习任务，要求大家写一篇关于学习方法的文章，要求是最近的、给自己的学习带来进步的、值得发扬的学习方法。记叙文，故事性要强。

听到这项作业王浩满心欢喜。数学测验，他刚刚考了个年级最高分，这可是前所未有的好成绩，之所以取得了这么好的成绩，是因为复习的时候用了一个好方法。写出来，不就可以了吗？这个方法就在脑子里装着呢：整个复习过程自己不断地写，把重点题目一道一道列出来，用试卷答题的方式自己考自己！做完对答案，没有完全答对的，细心学习一遍后，再考，直到能答对为止。

王浩想这个内容就很好啊。有素材，写出来还不是分分钟搞定的事情吗？于是，他就暂且把这项作业放下了。直到周日晚上，临睡时，王浩才想起有这么项作业没有完成，可是，当时太困了，看看课程表，第三节课是语文，明天到学校写还来得及，就睡觉了。

第二天，临近上课的时候，他才想起作业还没完成，心里非常不是滋味啊。

拖延，让学习变得被动

大家推崇"今日事今日毕"的行为方式，不仅仅在于完成任务后心里就踏实了，而是因为这代表了一种对待事情、对待时间、对待生命的态度：及时完成，迎接明天。

生命的每一天都有每一天的价值，最基本的体现就是把今天的事情做完，否则，就不能全心全意地迎接明天，就会"明日复明日，明日何其多"！拖延的代价，就是不断地浪费时间、失去机会、辜负明天，这种不为自己负责的行为，可能会毁掉一生。

一些青春期的孩子在学习、做事情的时候，很"拖延"，一而再再而三地把既定的事情往后拖，不知不觉间，就失去了完成的机会，把自己拖成了一个懒惰的人。懒惰有一种魔力，不管一个人起初拥有多么宏伟的志向，多么努力进取，只要一天一天变懒，就会变得越来越被动。今天的学习任务不完成，明天还不完成，不断地把学习任务往后拖，便留下了知识的漏洞。

身体上的懒惰必然导致思想上的懈怠，青春期的孩子如果在学习的时候，不动脑筋，结果会很糟糕。他们看似在学，其实什么都没学会。即使手在写字、眼在看书，大脑却没有思考，学习是思维的舞蹈，不思考，就记不住，更无法内化到自己的知识结构里。于是，就进入了一个恶性循环链：拖延—学不完—学不会—不想学。

该做的事情，第一时间完成

《美国高等教育纪事报》报道，美国德宝大学的心理学家约瑟夫·R. 法拉利发现，做事拖拖拉拉也是一种病。对于正处于人格整合期的青春期的孩子来讲，坚决不能得这种病。这种病一旦得上，自我认识里有了"不能负责、懒惰、不自信、得过且过"等认识，人生就会走向消极的状态。

为了让人生过得更加富有意义，从现在起，青春期的孩子就要避免拖延，争取第一时间完成该做的事情。

1. 别大意：抓紧时间，高质量完成

有一类孩子，他们很聪明，面对学习任务，并没有畏难情绪，自信地认为那点知识或者作业不算什么，自己突击一会儿就能完成。他们总是在想：不着急，先玩。在这样的心理状态下，他们把

学习任务拖了又拖，拖到时间不多了，才火急火燎地草草了事。结果当然不尽如人意，需要记忆的内容没有记牢固，需要完成的作业草草完事、错误率很高。

如果孩子有这样的坏毛病，父母一定要指引他们改正过来，心平气和地告诉他们："面对学习任务，即使很擅长，也不要拖延，第一时间去做，力争获得更高的回报。"举个例子，同样是写作业，用心与否得到的结果完全不一样。用心做的话，不但提高了准确率，还能促进对知识的掌握。如果时间充足，在写作业的时候，遇到搞不清楚的内容，查查相关资料；把重点内容，着重记忆一下；没有掌握的知识点，重新学习温故一下……这样，写作业的过程就变成了一个复习、巩固、努力掌握知识的过程。

2. 直接面对：不会做，不逃避

有的孩子之所以拖延，是因为不会做。由于一贯成绩不好，自我感觉脑筋笨，缺乏自信，于是，简单的题目在他们眼里也很难，被畏难情绪和厌倦情绪笼罩着，整个学习过程变得没有趣味，能逃避就逃避。

心理学中有个暗示效应，指的是在无对抗条件下，用含蓄、抽象诱导的方法对心理和行为产生影响，从而使人们按照一定的方式去行动或接受一定的意见，使其思想、行为与暗示者期望的相符合。正面暗示就会收到正面效果，负面暗示就会收到负面效果。

青春期的孩子如果成绩稍差，在学习过程中，不妨多做一些积极的自我暗示。比如，写作业的时候，对自己说："一鼓作气写完，然后玩一会儿游戏。""细心点，就能少出错。""不会的，看看书。"当青春期的孩子学会了不断地自我鼓励，就能产生积极的力量。

3. 不要强迫孩子写作业

青春期的孩子最烦父母的管教和约束，在情绪不好的时候，父母插手他们的事情，就更烦了。

所以，即使孩子没有按时写作业，父母也要耐心忍耐，默默观察，孩子偶尔因为心情不好，把写作业的时间往后拖或者没能按时完成，影响不大。过后，可以跟孩子谈谈，学习是一件需要持之以恒才能做好的事情，没有谁能够付得起怠慢的代价，不管心情多么糟糕，都不要把学习当成出气筒。

5

用支持表诚意：尊重孩子走向独立

　　成长是一个一天比一天更独立的过程，当孩子行为能力增强以后，他们的独立愿望会越发强烈。到了青春期，孩子们已经有了"成人感"，他们需要父母像对待成人那样对待他们，否则，他们就会反抗。这个时候，父母要尊重他们的独立愿望，支持并帮助他们获取各项独立能力。

01 青春期的孩子长大了吗

放假了，王研一家人商量着回乡下去接奶奶，可是，爸爸和妈妈算来算去也没有算出两人同一天休息的时间，爸爸决定和女儿去接。

到了预定的日子，爸爸因为一个重要的任务要出差，又去不了了。奶奶很想大家，特别想来小住些日子。父母都没时间，怎么办？爸爸妈妈发愁了。王研说："我坐高铁回去，然后打车回来，这样，既省钱又不会让奶奶受罪。"妈妈不同意："你哪行啊？老家才回了几回？走丢了怎么办？"王研咧嘴："我都这么大了，去了那么多地方了，回老家就能走丢啊？"爸爸说："你给我一个证明你走不丢的方案，我就答应！"

对此王研作了很详细的规划：提前买好高铁票，一大早出发，中午前就能到目的站，然后坐公交去奶奶家。在高铁上不随便和人搭讪；从高铁站到奶奶家的直达公交是 645；奶奶家的站点名是奶子庄。在奶奶家住一夜，第二天回来的时候，给奶奶带好换洗的衣服、药、水、小点心，为了安全起见，租一辆村子里的出租车，一大早出发，这样中午就能回到城里，司机也好返回去。说完了，王研还补充一句："你们看，就是有坏人，也没有可乘之机！他们没有机会接近我啊！我也没有把自己搞丢的机会啊！"

父母点点头，答应了王研的要求。王研成功地完成了任务。

看清青春期的孩子的独立水平

青春期的孩子在行为上、思想上的自主性和独立性不断地增长，他们不再依赖父母，甚至会反感父母像从前般的关心和照顾，但是，他们又期待父母的鼓励和扶持。在成人世界里，感觉这样的表现很矛盾。青春期孩子的独立为什么是这样的呢？

1. 他们的独立有其局限性

青春期是个体由儿童向成人的过渡时期。首先，青春期的孩子在生理上基本完成了从儿童向成人的过渡，生理上的成熟导致青春期的孩子产生了"成人感"。他们不再像童年时期那样顺从父母的权威，与父母的关系开始疏远，他们在家中的时间逐渐减少，关注点开始转向同伴或家庭以外的活动。事实上呢？青春期的孩子没有真正独立，他们的心理发展没有达到成人的成熟水平，正处于摆脱幼稚走向成熟的阶段。

2. 认知水平提高，使得他们具有了自己的思想

青春期的孩子的思维发展进入以独立性、批判性和逻辑性为主要特征的形式运算阶段，这样的重大转变使得他们的想法更成熟、更独特。他们不仅能够充分调动记忆经验，而且思维灵活性高，解决问题的办法快速而新颖。这些都冲击着他们儿时对父母的崇拜。

但是他们学业未成，历练不足，社会经验的有限性导致他们在处理事情上，还不能如大人般成熟和从容。

3. 社会期待，使得他们不敢懈怠

当"考大学""未来的职业"这些词语成了父母口中的高频词时，传递给孩子的是他们已经长大了，要承担责任了。走在路上，会有人来问路；家人会给一些任务，让他们去完成。总之，社会不再把他们看作儿童，而是当成了具有一定能力和水平的"成人"看待。当青春期的孩子感受到了社会角色和社会地位的变化后，他们期待承担更多的责任，去完成一些事情，而不是依附父母。

有的孩子已经利用寒暑假出去打工，这样的外化行为更加强

化了孩子的内心独立感，特别是拿到工资那一刻，他们会觉得自己真的长大了。事实上呢？真正的大人不可能一年工作一两个月，而是要肩负一份完整的责任，所以，打工给孩子带来的独立感也是打了折扣的。

用尊重的态度支持孩子走向独立

青春期的孩子正在走向独立，这是他们的成长任务。完美地实现了独立，他们就成功地从儿童过渡到了成人。由于青春期的孩子还没有完全脱离家庭，还在受到父母的影响，父母需要尊重他们的独立的需要，才不会破坏他们走向独立的进程。

1. 让孩子感受到父母的信任

独立做事的过程能让孩子获取独立的体验，增强独立的能力。如果孩子想为家庭出谋划策或者想独自完成某一件事情，哪怕孩子的想法、做法很离谱，父母都要细心倾听，和孩子一起分析利弊，能放手让孩子去做就放手。这样，孩子才能感受到父母对自己的重视和信任，他们才会对自己有信心，才更愿意去独立做事。

2. 不要直接指出错误，以免伤了孩子的自尊心

自尊有个公式，就是自尊等于成功除以抱负。此理论为美国机能主义心理学的先驱 W. 姆斯在《心理学原理》中提出的。一个有远大志向的人，他在追求梦想的路上获取的成功越大，他的自尊心越强。自尊心是自己对自己的重视和肯定。

当孩子做事的时候，父母不要指出不足和缺憾，而是要寻找亮点，给予肯定，这样的做法有利于孩子产生成功的感觉，提升自信心。

3. 引导孩子面对，而不是逃避

很多时候，很多事情，之所以有人完成了，获取了很大的成

就和丰厚的报酬，并不完全在于这些人技高一筹，还在于他们敢做。敢做就获得了自我挑战的机会，而任何挑战都会有成功的可能，即便不成功也收获了勇气和成长。

对于青春期的孩子来讲，没有做过的事情很多，逃避就意味着失去了面对的机会，于成长不利。只要面对，就是很好的练习，哪怕不成功，也会为明天的成功在脚下垫上一块砖头。

02 生活技能不足，独立能力差

贺丽美是那种很牛很牛的"别人家的孩子"，外形好，懂事，成绩好。妈妈说，我女儿的成长很踏实。就在这个周末，妈妈出门了，中午回来前，想买点主食，就给女儿打电话征求意见。女儿说："不用买了，我做好了！"回到家，妈妈看到盘子里小山一样堆在一起的蓬松松的紫色花卷。

妈妈惊讶得张大了嘴巴，问："哪里买的？你出门了？"女儿很神秘地说："我自己做的。把家里吃不完的火龙果用上了！"妈妈明白了，难怪今天的馒头是这个颜色呢！妈妈好激动，抱起女儿转了好几圈。蒸馒头可不是简单的事情，要发面，还要放入火龙果、揉面、做成馒头的形状，这道工序不是马马虎虎就能做好的。这件事对一位年轻的家庭主妇来讲都很有挑战，读初一的女儿竟然独立完成了！效果还这么好！

惊喜的感觉太美好。妈妈深深地感受到，女儿这样主动地做好一餐饭带给自己的感动，比考出一个好成绩更让自己内心踏实。

缺少生活技能的孩子不现实，难以独立

一些父母已经看到，当下的孩子的行为很多已经脱离现实。他们能玩最前端的网络游戏，却搞不定一餐饭；他们能考出很高的分数，但是要把知识应用到现实中来时，却懵了；他们满脑子的知识，可是走出家门就晕头转向；他们只知道花钱，却不知道父母赚钱有多么不容易。

很多青春期的孩子到了张嘴吃饭的那一刻，都不知道馒头从哪里来的，买的或者妈妈蒸的都与他没有关系。他从没想过自己做饭，反正父母不在可以叫外卖。闲暇时光，他们能想到的、愿意做

的事情就是上网，即便不玩游戏，也要做一只"网络流浪者"，鼠标"点、点、点"，网页切换得眼花缭乱，却不会想到把凌乱的家收拾一下。

到了青春期，十几岁的年龄，完全可以搞定一些日常事务了，比如，能把自己的肚子填饱，或者为父母做一餐饭，可是，很多孩子做不到。什么原因呢？

孩子的成长与父母的教育紧密相关。有的父母觉得做饭、收拾房间、洗衣服、采购、去关心一下长辈、遛个弯儿，这些俗事距离孩子的生活很远，他们从不给孩子这样的任务。孩子没有做过，眼里、心中便没有这些事情，逐渐地，这些事情便从孩子的生活里剥离出去了。

更进一步来讲，孩子们不知道一粒种子经历了怎样的旅行才变成餐桌上的米饭，更不知道父母曾经有多么努力才有了这么一份可以换得薪水的工作，也不会去想如果有一天父母失业了，这个家庭的生活怎么继续。

当孩子的生活严重脱离实际情况的时候，他们就难以建立起对待现实的真实感受。孩子在现代化的电脑世界里生活，除了学习，他们的生活苍白到切不好一块西瓜。他们在虚拟的世界体会到真实感，觉得自己很行；到了真实的世界里会有虚拟感，做事情力不从心。孩子不参与到生活实践中去就会脱离现实。现实感缺失的孩子生存能力差，难以独立。

对青春期的孩子进行生活技能训练

培养孩子的生活技能应该是一件从小就开始，在青春期持续进行的事情。如果以前，父母没有很好地重视这件事，现在，到了青春期，就必须要重视了。

1. 教孩子学做事情

这项任务可以是炒一份西红柿鸡蛋也可以是洗一次衣服，父母先要告诉孩子这项任务该怎么去完成，比如，怎么使用锅、怎么用洗衣机。用锅的注意事项、用洗衣机的注意事项，在孩子开始做之前，都要一次性跟孩子讲明白。

如果有录像就给孩子看看录像，没有录像可以给孩子写一份工作步骤。孩子看着步骤去完成，就会少走弯路。孩子完成任务后，父母要给予鼓励，并创造机会让孩子重复去做。父母要建立一种认识，即使孩子学习很忙，周末的时候让孩子炒菜、洗衣服，也不会增大他们的压力，而且还可以锻炼生活技能。

2. 给孩子一项新任务

当一个孩子经过几次练习，掌握了炒菜的基本操作步骤后，父母就可以给他新的任务。比如，能把西红柿炒鸡蛋炒好后，就可以让他炒个茄子，至于怎么炒，可以让他自己去琢磨或者查阅。相对于第一次做事情，这次父母就不需要特别叮嘱了。一切的问题都要孩子自己去张罗，这样更能锻炼孩子解决问题的能力。

3. 让孩子挑挑毛病

父母做事情，结果出来后，让孩子来检查一下，哪里做的不好？怎么做会更好一些？这个过程不但让孩子感受到了父母对他的重视和信任，也让孩子明白了什么样的做法会导致什么样的结果。

父母让孩子来寻找问题，并接受孩子监督，有利于培养孩子虚心接受建议的习惯，增加客观现实感，而不是想当然地想怎么样就怎么样。

03 自控力从哪里来

陈小菊接了一个电话，然后对在厨房做饭的妈妈说："妈妈，我出去一下！"妈妈问："有急事吗？"女儿说："是的，十万火急！"妈妈当然知道，是同学喊她去逛街。妈妈堵着门口问："有人掉水里了，等着你去捞吗？不过，等你到了那里，也悲剧了！"

陈小菊当然知道妈妈在跟她开玩笑，靠着妈妈的胳膊说："妈妈，真的有事，同学在等我。"妈妈说："别忘了，你答应过我，今天安心在家复习功课。"女儿说："我一会儿就回来，不耽误！"妈妈说："不行，说话要算数。给同学发个信息，说明自己出不去的原因，大家会理解你的。"

陈小菊只得照着妈妈说的去做了。

独立的第一条件：管得住自己

孩子聚会时，有人递过一根烟："抽吗？"很明显，这样的示好很普通。不用环顾周围，闻都能闻到不是一两个人在抽烟，面对这种情况，该怎么办？他们都是自己的好朋友，都想着能一起耍酷！可是，抽烟有害健康啊！对青春期的孩子伤害更大，影响大脑发育、容易成瘾，成瘾后戒除也会更难。经过一番纠结，孩子摆摆手，来一句："嗓子疼，不抽了！我喝点水吧！"

这是什么？这就是独立。能够根据自己的情况作出选择，面对诱惑，管得住自己，说得出拒绝的话。这样的孩子，走出家门后，父母比较放心。

青春期的孩子的社交版图在扩大，有很多父母预料不到的社交活动。在那里，他们会遇到各种各样的人，被吸引或者被打动的机会变多。会不会把自己置于危机当中，在于他们能否坚持自我，拒绝迎面而来的诱惑。

青春期的孩子猎奇心理强，如果自我控制能力差，就容易把性爱、吸毒、打架、抽烟、喝酒等危险行为惹到身上来，置自身于危险当中。一旦被这些危险物品控制，学习、生活都将呈现一片乱象。

如果自己的孩子没有足够的自我控制能力，管理不好自己，那么父母就应该给他们的自由设限，给没独立的人过多的自由犹如放一只小马驹进入群兽林立的荒野森林，即使能回来也会是遍体鳞伤，然而疗伤却不是一件容易的事情。

如何提高青春期的孩子自我控制的能力

青春期的孩子在以各种方式争取独立，父母不放手不是想控制孩子，而是担心孩子的独立性不够强。父母总抓着孩子不放当然不是聪明的做法，那样孩子会因为缺少历练难以独立。但放手前，培养孩子的自我控制能力，却是一件必须要做的事情。

1. 决策能力

决策能力涉及的内容主要包括：了解自己具有什么样的能力，并且相信自己能够胜任；能够把自己置身于情境中，在做决策以前，会通过考虑行为的后果来评价想出来的办法是否合适；整个决策的过程会把所处情境与自己的信念、价值观和态度结合在一起，围绕目标努力去塑造自己的生活。

一个孩子有目标感，能够主动去建构自己的生活，才能拥有较强的决策能力。

2. 延迟满足

心理学上有个著名的实验，叫棉花糖实验，被试是 4 岁的孩子，实验结果显示，面对眼前的棉花糖的诱惑和更多的棉花糖的期待，有的儿童能够成功地转移自己的注意力，顺利等待 20 分钟。这些被试到了青春期，研究人员又对他们进行了追踪调查，发现：在个性方面，不能延迟满足的孩子更多地显示出孤僻、易固执、易受挫、优柔寡断的倾向；能延迟满足的孩子较多地成为适应性强、具有冒险精神、受人欢迎、自信、独立的少年。在学业能力上，测试结果显示，能延迟满足的孩子在数学和语文成绩上平均高出 20 分。

还有研究显示，不能延迟满足通常与抑郁、较低的社会责任感、行为紊乱、反社会行为和一系列的成瘾行为有关。青春期的孩子需要懂得，为了未来，可以延迟对自己的即刻满足，延迟满足有利于自我控制，让自己更自信、更独立。

3. 生活目标

生活是一个连续体，一天一天连在一起，凑成了光阴。时光不是日子的简单拼凑，而是由一个又一个有意义的事件垒起的建筑，每个人都是一道独特的建筑风景。能把这些事件串联起来的就是生活目标，积极的生活目标成就的是积极的人生风景，会让人乐观、向上、自信、有追求。青春期的孩子要养成确立目标的习惯，学习上、生活上、未来发展上都要不断设置目标，以此推动着自己不断向前。

4. 自信心训练

较强的自我控制能力来自于"我能行"的信念，孩子觉得自己行，才能够坚守自己的信念和方向，不断努力去实现，而不会被环境左右，轻易放弃。父母培养孩子自信心的方法很多，最基本的一点就是鼓励孩子去做事，完成事情后要给予肯定。孩子不断看到自己的成功，自我效能感增强，就能不断提升自信。

04 父母要学会限制自己的权利

乔振廷放学后，没有吃晚饭，没有写作业，就躺下睡了。

妈妈心疼儿子，想喊他起来吃点饭再睡，被爸爸制止了："他有不吃饭的权利。一顿饭不吃饿不坏。"妈妈指着儿子的书包说："他没写作业啊！"爸爸又说："儿子可以偶尔不写作业的。对于一个有责任感的孩子，他值得拥有这样的自由，你要懂得限制自己的权力，不然的话，就侵犯了儿子的权利。"

妈妈虽然心里不情愿，但是没再坚持。她害怕去喊儿子后，不但喊不起来，还惹得儿子不开心。

第二天早晨，妈妈起来做早点，发现儿子已经在写作业了。妈妈都不知道他什么时候起来的。妈妈心里想：昨天没喊他起来就对了！他已经能够安排自己的事情了。

孩子抗拒父母的规则，很正常

如果父母的教养足够科学的话，那么，从孩子出生到青春期以前，父母应该已经和孩子建立起了一种亲密的、友好的、信任的、善于沟通的亲子关系。在这个基础上，父母继续保持民主的教养方式，给孩子更多的自由，那么，整个青春期即使孩子有叛逆的表现，也达不到高危状态。

青春期的孩子的认知水平处于形式运算阶段，他们可以借助形式逻辑的原理进行复杂的归纳推理和演绎推理，当父母提出某个要求或者设定某个规则的时候，他们能够找到若干个不服从的理由和若干个让自己的选择成立的因素，他们这么做就是要通过破除父母的规则来建构自己的规则意识，这是他们的成长任务。父母强行让孩子听话，会让孩子有一种被侵犯感。面对这样的践踏他们自主权的事情，他们会反抗。

父母要确保孩子不做越界的事情

虽然青春期的孩子已经具有了成人的样子，但是父母的牵挂一点都不少，如何让这份爱的牵挂很好地帮助青春期的孩子成长，需要父母把握好管教的尺度，不做越界的事情。

1. 以道德品质为界限，避免成为高危儿童

青春期是生命发展的一个高危阶段，虽然并不是每个孩子到了青春期都是高危孩子，但是，父母要提高警惕，一旦发现孩子有焦虑、抑郁、孤独、攻击、行为障碍等问题，要及时实施干预，否则，发展下去，就该危险了。

青春期的孩子已经长大，他们和父母在一起的时间减少了，这不利于父母了解孩子。父母只有利用有限的相处时间，密切关注孩子的言语、行动，才能及时发现问题。

在孩子的行为中，会有一些不涉及品质、道德的小问题，对于这类问题不要大惊小怪，只在孩子面前展现出正确的做法，孩子自然就纠正过来了。

2. 大问题，绝不妥协

什么是大问题？涉及品质、道德、对他人可能造成伤害的行为，即使当下还没有出现不良恶果，也不可以掉以轻心，因为种下什么因就会收获什么果。

很多时候，青春期的孩子看不到事情的结果，而且他们的大脑很特别，对错误行为带来的刺激很上瘾。比如一次上网后，就很容易出现第二次。所以，一旦发现错误苗头，就给予关注，只有这样才能及时帮助孩子刹车，不至于错得太离谱。

当孩子反抗父母管教的时候，父母不能大喊大叫，更不能斥

责、贬低孩子。这个年龄段的孩子自尊心非常强，一旦受伤，父母就成了他生活里的局外人。当管教变得被动以后就增加了成长的危险系数，父母会更操心。试想，孩子放学了还没回家，你打电话他不接，或者接了，只说一句话就挂掉，那将是一种怎样的提心吊胆，父母不得每天陷入焦虑的情绪当中吗？

3. 不过度卷入孩子的事情

有的父母太在意孩子当下的表现，一点小失败都要细细追查，好像出了多大问题一样，搞得孩子心神不宁，压力很大。而且，父母对孩子的事情过度卷入，孩子混淆了自我的界限，容易导致孩子"他尊"。

当孩子过度渴望他尊的时候会失去自我。一个人只有尊重自己，爱自己，了解自己，才能懂得自己该做什么，才会对自己的行为负责，不盲目从众。当别人不认同自己的做法，甚至以孤立、打击的方式给自己施加压力的时候，也能坚持自己的看法，不会太在意别人的看法，也不过多关注别人是否认同。

面对孩子的失败，父母要竭力保持内心的淡定，失败只不过是成长过程中的一份经历、一次体验、一次积累经验的过程，是收获不是损失。

05 不要认为，发生性行为就长大了

晚上，妈妈回家的时候儿子的房门紧紧关着，妈妈敲敲门，儿子回答："睡了！"妈妈想着洗漱后，自己也睡觉，毕竟，忙了一天太累了。可是，妈妈觉得不对劲，怎么儿子的房间有说话的声音？好像还是女性的声音？说话声不像影视剧里的，也不像电话里的，怎么回事？

妈妈接着敲门："儿子，你跟谁说话呢？"儿子回答："看片儿呢？"妈妈还是觉得蹊跷，但敲不开门，也没办法，就留了个心眼。第二天早晨，妈妈早早起来，躲在门后边，果然看到一名女子从儿子的房间里出来，蹑手蹑脚生怕被听见。女孩一出门，妈妈就问儿子："怎么回事？你怎么可以让她留下来过夜？"

儿子说："我已经是大人了，独立了，这些事情您就别管了！"妈妈差点被气晕："啊？你独立了？独立到可以同居了！我问你，你花的哪一分钱是你自己赚的？"儿子说不出话来。

妈妈又问儿子："假如女孩怀孕了，你怎么处理？"儿子脱口而出："怎么会怀孕呢？我们年龄还不大！"妈妈说："所有的性行为都有怀孕的可能！你不知道吗？"儿子张口结舌，答不上来。

"通过性活动感受成人感"是一种不良行为目标

在青春期的孩子看来，性行为是大人的事情。当他们感觉自己是大人以后，就开始行动了。

有研究显示，青春期的孩子试图完成从儿童向成人转变的基本途径之一就是性活动。即使80%以上的青春期的孩子根本就没想要孩子，但是他们却把性活动看作是自己形成"成人感"的方式。还有研究显示，青春期的孩子期望得到异性的证实和承认，同

时，性行为也是挑战父母，走向独立的一种方法。

以上两项研究充分表明青春期的孩子发生性行为是一件极具可能性的事情。首先，他们并不觉得这件事情存在风险，可能会带来伤害；其次，他们觉得这是一件能给自己带来福利的事情，能够让别人感受到自己的独立。

面对如此虚妄的认识，青春期的孩子的父母只有提前行动。让孩子了解性、了解性行为的后果、了解他们的能力、了解爱情、了解婚姻；让他们去做有意义的事情，让他们在家庭与社会中找到归属感，适应了社会群体，从而减少孩子通过性行为感受成人感的可能。

父母尊重孩子，培养他们的兴趣和爱好，让孩子在家庭里充分享受到爱和自由，获得家庭归属感。这样会有效避免他们通过发生性行为来博得关注或者与父母抗衡。

青春期的孩子真的不宜发生性行为

整个青春期都是成长期，在这个阶段，青春期的孩子努力整合自己，为未来的职业、婚姻、家庭生活做准备。准备得怎么样，直接决定着未来生活的幸福指数。对青春期的孩子来讲，性行为是一件必须面对，而又不能参与的事情，这是青春期教育的重点也是难点内容。

1. 女孩更要认识到性行为的严重后果

大部分懵懵懂懂地就发生了性行为的女孩，她们往往不知道或者不在乎性行为发生后的严重后果。对女孩来讲，父母一定要给孩子上好这一课。当乖巧的女孩知道了事情的严重性后，就会有一种拒绝的态度。

对于女孩来讲，不管是同居或者怀孕，都会影响她们对未来生活的选择。父母要告诉女孩：性行为发生后，女孩会有心理负担，担心被父母知道，担心影响自己的名誉，担心男孩变心；女孩还可能因此染上性方面的疾病，给生活造成很大的不便；女孩可能会怀孕，无论是打胎还是生下来，都会给身体带来伤害，一旦生下来，女孩照顾孩子会消耗掉相当一部分时间和精力，学业、职业都会因此受到拖累。这样，当女孩确信性行为有可能会使得她们在教育、职业和经济方面受到很大的限制后，就会谨慎行事，而不是把青春期的性行为当成是和吃冰淇淋一样轻松、爽口的事情。

有的女孩被性伤害以后，还会继续接受伤害，可能是受到一种错误观念的支配。比如：被情感挟持、太缺少关爱、自暴自弃等等。对于这样的孩子，父母要做好两件事：第一，放下愤怒，接纳孩子；第二，让女孩看清她当下性活动的行为有多么不正确。这个过程父母完成起来比较困难的话，可以借助专业心理咨询机构来帮助解决。

2. 父母的爱帮助孩子抵御性诱惑

有研究显示，让青春期的孩子感觉到较高水平的温暖、爱和关心，加上父母对青春期的孩子性行为的不赞成态度，能使青春期的孩子延迟对性活动的参与。

当亲子关系较差，孩子感受不到父母的爱和关心的时候，就会从同龄人那里寻找温暖，一旦与某个异性交往融洽、情感甜蜜，陷进去后，就没有了防线，异性提出什么要求都会满足。

父母要多关心孩子，孩子心情不好的时候，要陪在身边，给孩子做一餐可口的饭菜；日常生活中，多陪陪孩子，不要忙于自己的事业而忽视了孩子。当孩子有了需要，提出来后，只要这些要求正当、合理，父母尽可能地去满足。

亲子关系好，孩子感受到父母的爱护和理解、内心充实，就能够抵御来自异性的诱惑，听从父母的建议，去控制自己的欲望。

06 反复强调，怎么就听不进去呢

妈妈对赵海轩说："你能不能对自己的事情上心一点？闹铃响了就起床！今天，要不是我喊你，你非得耽误了校车！到时候，还得我去送你！"

儿子说："我没有要你喊我啊，我看着时间呢，别担心我会耽误您的时间。"

妈妈一边给儿子端早餐一边说："水已经准备好了，别忘了带钥匙和水！别在外边买水了！放学回来，先写作业！我可能晚回来一会儿！"

儿子答应着出了门，妈妈一屁股坐在沙发上，感叹："孩子都这么大了，怎么还像小时候那样让人操心呢？为什么他们就不能更懂事一些呢？"

说不到心里去，孩子不听话

当下，很多父母的感觉简直是糟糕透顶，他们觉得孩子身上问题太多，强调了千遍万遍也改变不了。父母明明在帮助他们应对他们的事情，却惹得他们不高兴，脾气上来还会和父母发生争执。父母不怕孩子有错误，也不担心孩子做不好事情，只要他们有一个改变的态度。知错就改才能获取进步，可是，孩子永远是一副冥顽不灵的样子。

父母的苦恼值得同情，但是，孩子不听话，父母身上也有原因。父母看到自己做法的不足之处，才能找到孩子不听话的根源。

1. 父母太急躁

有的父母太急躁，孩子没有按着他们的做法去做或者行动稍慢了一些，他们就着急，觉得孩子在抵抗，于是，劈头盖脸就是一顿数落。把孩子的心情搞糟糕后，孩子就更不配合了。一旦激起孩子逆反心理，他们便和父母对着干，父母会更加苦恼。

2. 父母不会好好说话

有的父母不会和孩子好好说话，要么发号施令，要么威胁命令，要么唠叨重复，要么长篇大论地说教。结果呢？父母想说的都说了，孩子却一点也没听进去，他们该什么样还是什么样。

3. 伤了孩子的自尊

如果父母的言行伤了孩子的自尊，孩子是不可能往好的方面改变的，而且还可能会朝着父母期待的状态的反面发展。不客观的评价、不公平的指责不仅会伤及孩子的尊严，还会激发他们的怨恨和不满，这使得他们要么明着和父母抗争，要么暗地里较劲。

4. 父母本身也有类似的问题

当一个酗酒的父亲跟孩子讲酗酒的危害的时候，即使他把嗓子吼破了，孩子仍然会觉得喝酒没什么大不了的。为什么？他自己不是一直在喝吗？

所以，要想孩子听父母的话，父母先要以身作则。当孩子特别渴望帮助的时候，如果头脑里有一个声音能够给予他们积极的力量，那孩子就会变得坚强。但父母一定要清楚，这个声音是他们的父母用行动表达的价值观而不是言行不一致的说教。

试试鼓励的方法

在成长的路上，再小的事情，只要做不好，都可能引爆一个伤害性非常大的不良后果。所以，孩子努力去做好的态度，是成为一个好孩子的重要条件。父母多鼓励，更利于孩子进步。

1. 鼓励为什么会有效果

鼓励的意思是鼓劲且支持，鼓动、激励、勉人向上。父母的鼓励会推动着孩子进行自我探索和改变。青春期的孩子已经具有了一定的行为能力，如果他们连小事情都做不好，可能缺少归属感和价值感。当孩子缺少归属感的时候，他们就会故意做错，引发父母的关注。当孩子缺少价值感的时候，他们做事情会不够上心，用一种应付的态度来完成，不上进、有错不改。

面对做不好事情的孩子父母一定要鼓励，为什么呢？因为一个做不好事情、让父母操心的孩子，一定是不够努力的。鼓励能让青春期的孩子了解到，父母相信他们、尊重他们，不管他们犯了什么错误或者有什么样的缺点，父母仍然看重他们，这样，他们内心的正向力量才有可能被激发出来，他们才会有做事的热情。

2. 如何鼓励青春期的孩子

鼓励是一种教育方法，不是三言两语的赞扬，而是一种对待孩子的态度，需要父母科学而持久地应用到教育行为当中去。

第一，着眼于孩子的优点。

当孩子有不良表现的时，父母要着眼于孩子的优点而不是缺点。孩子在父母的提示下起床了，这时，父母该着眼的是孩子听从了父母的提醒，已经起来了、不会迟到了，而不是如果父母不喊叫，他就会赖床、就会迟到。

在这种情况下，表达一下自己的期望：时间刚刚好！吃早餐吧！如果明天你不用妈妈喊你就能按时起床就好了！

第二，弥补过失。

孩子有了过失行为，他们的内心也不会开心。这个时候，给孩子机会，让他们为自己的过失做一些弥补，这能够让孩子体验到责任感，认识到任何一个人都没有权利做出对他人不利的事情，做错事就要付出代价。孩子承担了责任，内心的负性情绪也就消失了。

对于一个赖床的孩子，如果父母一而再再而三地喊他起床并在他起床后唠叨，不仅不会让他做出改变而且还会强化他的不良行为。倒不如让孩子承受迟到的后果，更能激发他的责任感。

第三，让孩子自己做评价。

青春期的孩子已经具有了一定的认知水平。面对孩子的不良行为，父母对好的方面做出肯定的评价的同时，让孩子找找做得不够完美的地方，并分析为什么没有做好。通过这样的自我反省，孩子会认识到错误，会为自己而改变。改变后，孩子价值感会提升，更愿意往好里做。

07 改变孩子的不良行为

当王伟凡因为不断损坏小黄车而被发现后，他神情坦然，一点都不害怕，他告诉工作人员："我父母的电话都在这里，不过，他们要是出差的话，就来不了了！等他们回来，我告诉您，您再找他们，您放心，他们一定会赔偿。"

工作人员纳闷了："小黄车放在那里，给行人创造了很大的方便，你干吗要把扫码破坏了呢？"王伟凡说："你们不是要找我父母吗？这样，我父母就知道我每天干什么了！看他们还敢不管我吗？"工作人员听了，不禁同情起这个已经有两周没见到父母的孩子。

阿德勒理论：认清孩子的四种不良行为目标

个体心理学家阿德勒认为，个体的许多行为都是想在群体中寻找一个地位或位置。在阿德勒的模型里，青春期的孩子的不良行为的发生被认为是为了达到下一个或者几个目标。概括起来讲有如下四种：

1. 注意：想获得关爱和注意

当青春期的孩子不管做什么事情，都得不到父母的关注，他们就会通过寻求注意的方法来获得归属感。他们寻求注意的方法有个过程，刚开始是做积极的、没有破坏力、不具有伤害性的事情，比如，大声说话、人来疯、什么事情都抢先，等等。

如果这样青春期的孩子还是不被关注的话，他们就做消极的、带有一定破坏性的事情，比如，故意把家里的什么物品弄坏了、语言攻击家人或者同学、逃学等等。不管哪种行为，都是为了寻求父母的关爱和注意。

对青春期的孩子来讲，他们身上的一些很容易改变的错误之所以屡教不改，甚至在父母严厉教育甚至惩罚之后还是不改，不是他们没有改错的能力，而是他们觉得惩罚总比被忽视好，在他们眼里，惩罚也是一种关注。

2. 权利：想成为头头

青春期的孩子会通过拒绝命令和破坏规则来证明他们的控制力和维护权利。父母表示反对、生气，他们会觉得自己赢了，目的达到了。当青春期的孩子做出了某个父母极不能容忍的独立行为时，表面看他们是在表达独立，实际上，是为了建立与父母抗衡的地位。

3. 报复：想伤害某人

如果青春期的孩子不能通过获得注意或者争取权利来得到和维持他们想要的地位，他们就可能认为伤害他人是获得注意的唯一方式。如果日常父母对孩子关注较少，不理解孩子的心情，看不到孩子面临的真正困难，孩子在连续经历失败、完全没有归属感的情况下容易实施报复。

4. 能力缺乏或假装能力缺乏：不想被管

青春期的孩子会因能力缺乏或者假装能力缺乏，而把自己隐藏起来，站到队伍的后面，不想被关注。那么，他们有可能自卑，也可能是害羞或者胆小。他们反感父母对他们寄予期望，他们为了避免尴尬或者丢脸，不断后退，更不会努力争取进步。

面对孩子的不良行为，父母该怎么做

问题行为是一个连续体，为了预防更严重的问题出现，尽早对小问题实施干预和治疗是一个特别有效的方法。不管青春期的孩子的行为目的是寻求注意、试图得到权利、报复，还是利用他们的能力缺乏来从家庭或者团体中逃离出去，得到不被管教的结果，父母都要及早干预，预防大问题出现。

四种不同的情况，干预方法也大不一样。

1. 满足孩子的被注意的需要

父母一定要明白，父母对孩子的惩罚、哄骗和责骂或者提供服务都是注意孩子的方式，都能满足孩子的被注意的需要。为什么父母打一顿、骂一顿孩子也能消停几天？就在于这些方式满足了孩子寻求关注的需要。但是，打骂却不能给孩子带来真正的归属感。父母以这样的消极的方式关注孩子，可能会强化孩子的消极行为。"我捣乱，你就注意我。我犯错误，你就来管我。那么，好吧，我就犯错吧！"

积极的关注方式能够给孩子带来归属感，父母要以积极的方式关注孩子，比如和孩子一起做事情，做饭、洗衣服、看电影、谈论学习等；当孩子学习某项技能的时候，给孩子准备材料、和孩子一起探讨学习方法等；当父母和孩子在一起，偶尔拥抱一下、贴贴脸、拍拍肩膀、拉拉手，多做一下这些看似平常的行为；当孩子遇到困难时，在精神上给孩子支持，帮助孩子战胜困难。这些行为都会让孩子内心暖暖的。

2. 帮助孩子建立权利感

青春期的孩子想要自己的事情自己做主，如果父母管得太多，他们就会从父母那里争取自己的权利。

亲子之间，如何避免权利之争？让孩子做他擅长的事情，给他自由。不强迫孩子做任何他不愿意做的事情。与孩子有关的事情，都要征求孩子的意见。孩子做事情的时候，父母不限制孩子的做法，但是，当孩子的行为不靠谱的时候，父母要鼓励并帮助孩子寻找正确的做法。孩子做成一件事情并因此受到父母的鼓励时，就会感受到价值感和归属感，他们就不会陷入和父母的权利之争中去。

3. 引导孩子不报复

每一位学有所成、长大成人的孩子后面都少不了尽心尽力教育孩子的父母的付出，其中，妈妈的付出占较大的比重。但为什么会有孩子学有所成后会残忍地谋杀自己的妈妈呢？因为恨，因为在整个亲子交往的过程中，孩子感觉受到了伤害。

所以，妈妈在辛勤培养孩子成才的过程中，一定不要忽略孩子的感受，放下专制或者过于粗暴的方法，采用民主的方式，让孩子感受到爱。

4. 让孩子看到自己的能力

当孩子认为自己不行或者甘愿把自己隐藏起来的时候，父母可以猜测这样的孩子可能很自卑。改变自卑的方法就是当孩子有一点点进步时都要给予肯定。父母不要在孩子面前有绝望、挫败、无助的表现，永远都不要觉得孩子可怜，在孩子抬起头来前，一定不要放弃。

父母找到孩子感兴趣或者擅长的事情，创造条件让孩子坚持去做，有了作品就展示出来，这个过程特别能够提升孩子的自信心。

08 "离家出走"折射的问题

刘昊同学是一名初一的男生，那天，他因为学习上的压力，和父母大吵一架，之后萌生了离开家、独自闯世界的念头。晚上，他想了一宿，有很多年轻人早早闯天下，从打工开始，一步一步最后成就了自己的江山，自己为什么不可以呢？父母觉得他养不活自己，哼，他还就不信了，他就真养不活自己了吗？

第二天，刘昊便坐上了开往另一个城市的火车。去的时候，几乎是一路风景一路歌，心情特别美！不用学习、不用听父母唠叨，还可以欣赏从身边呼啸而过的沿途美景。起初，陈昊心中不断地涌现因父母着急带来的快乐感觉。后来，随着车轮滚滚，陈昊开始想家，最后硬着头皮到达了目的地。一切都与想象中的不一样。本想着一边花带来的钱一边找工作，结果，钱花完了，工作只干了一天就被辞退了，最后在民警叔叔们的帮助下，才回到了家里。

离家出走，不是成长意义上的独立

在我们身边，青春期的孩子离家出走的事件并不少。国家民政部门的统计数据显示：截至 2000 年，我国离家出走的青春期的孩子已有 15 万人次。从现有大样本学术研究的整理发现，青春期的孩子的离家出走意愿和离家出走行为均呈比较明显的上升趋势。

当青春期的孩子逃离家庭已经成为一个社会现象以后，社会学家们通过各项研究发现，离家出走行为不再只被认为是病态或追求刺激自由的个体原因，而是作为逃离他们感到被虐待、被忽视、不愉快的家庭环境的一种手段。

未满 18 周岁的孩子在没有得到父母或监护人的允许或批准下，离开家或住所一天以上的时间，并且自己也承认这是一次离家出走，那么，离家出走的行为就成立了。判断是否为离家出走，大多强调以下四点中的部分或全部：一是离家出走者的年龄，通常为12～18周岁；二是离开的持续时间超过24小时；三是父母或监护人不知情；四是离家出走者对行为的认同。

那么，什么原因导致了当下的青春期的孩子，普遍的离家出走行为呢？最为常见的原因有以下几个：

1. 贪玩，好奇

几个孩子在一起，出于贪玩好奇，有一人提出离家出走，其他人会因为从众而响应，于是集体离家出走。其中关键是其中的某个孩子的提议。一旦其他孩子有了相同的苦楚，便一呼百应了。

2. 逃避当下的环境

家庭或者学校环境不良，给孩子带来了压力，他们无力承受，为了逃离，选择离家出走。

固原市某小学五年级的7个孩子，因为害怕被老师、父母打骂，集体离家出走。其中一个孩子说："老师经常打我们，站队站不好要挨打，上课回答问题错了也会被打骂，全班的同学都挨过打，过几天要开父母会，我们害怕，就商量着跑出来了。"

孩子们心里委屈，不懂得寻求帮助或者无处寻求帮助，便会采取一走了之的方法来应对。

3. 向往外面的世界

有的孩子感觉家庭环境太压抑，或者与家里的某个成员发生矛盾，便想去外面的世界过自己想要的生活，于是按着内心的期待去闯世界了。

4. 反抗

有的孩子觉得受到了父母不公平的待遇或者误解，为了反抗父母，以离家出走的方式抗议，让父母着急以宣泄心中的不满。

5. 早恋

青春期的孩子早恋，被父母发觉后，如果受到限制，就有可能选择离家出走、同居的方式来反抗父母的管教。

父母怎么做，孩子不离家出走

有人说，所谓父母一场，其实是一场渐行渐远的分离。一点都没错！子女长大后要离开父母，去追求梦想、成就事业、收获爱情。但是，这个分离应该是孩子长大以后拥有了独立的能力以后的分离，而不是在未成年的时候以中断学习、切断和家人的联系为代价的逃离。

1. 营造温馨的家庭氛围

一家人在一起，其乐融融，孩子当然愿意待在家里。父母整天吵架，孩子看着心烦，自然会往外跑。有的父母即使不打架，也是整天不在家，要么出差，要么出去玩，他们觉得孩子大了，自己该享受一下自己的生活了，殊不知，孩子回去以后见到家里冷锅冷灶，感受不到家庭的温暖，心自然就往外飞了。

在原生家庭里，父母是家庭氛围的营造者。方式有很多：父母竭尽全力把家收拾得干净整洁、温馨舒适；让孩子在放学回到家的那一刻，能够看到父母坐在沙发上或者忙碌在厨房里；假期到了，大家相约一起出去旅行；夕阳西下后，一家人出门遛个弯儿……在这样的时光里，孩子们的内心会特别温暖。

2. 给孩子更多的独立空间

青春期的孩子既需要来自父母的关照，也需要父母和自己保持距离，因为他们长大了，需要更多的独立空间做私密的事情。

涉及孩子私密的事情，父母不要往前冲，而是要尽可能地躲开，秘密观察就好。孩子愿意说，父母就听着；孩子需要父母给出主意，父母就表达一下自己的看法。

3. 父母要重视孩子的人格发展

如果父母重视孩子的人格发展，到了青春期，孩子的人格会趋向成熟。他们有了一定的爱他人的能力，做事情会考虑身边人的感受，会为父母分担一些家务，遇到困难懂得想办法。当孩子和父母意见不统一或者发生矛盾时，会积极沟通，而不是负气离家出走。

6

成长的主要社会动因：同伴

人的成长有个过程，这个过程可以分成几个阶段，不同阶段的成长任务不同。按照埃里克森的人类社会发展阶段理论，青春期的主要成长任务是实现"同一性"，主要的社会动因是同伴。他们信任并忠于自己的同伴，不断地向同伴学习。在青春期，同伴是孩子成长的主要影响源，会对个体以后的人际关系起着定型和预告的作用。父母要帮助孩子学会交往，建立友谊，成为他人的好同伴。

01 同伴关系平衡了青春期的孩子的不确定感

晚饭后一个多小时的时间，王彦民就接到了三个同学打来的电话，都是一样的事情，约他周末出去玩。王彦民从小就不打架，小朋友都喜欢和他一起玩。王彦民把小朋友带家里玩，搞得家里乱糟糟的，妈妈也没有嫌弃过。

升入初中后，王彦民的朋友圈除了以往的一帮玩伴，又多了好多新同伴，有来自新的班级的，也有参加兴趣班认识的，聊微信、聊 QQ、联机游戏，一上线就下不来，耽误了很多时间，妈妈担心这么聊下去影响学习，给他断网了，可是，现在朋友们打电话过来约他。

妈妈叮嘱儿子，要处理好同伴交往这件事情，交朋友可以，但是不能影响学习。

同伴关系有利于青春期的孩子建构自我同一性

孩子长大了，同伴多了。有的家长难免心里会想，孩子有好多同伴是好事还是坏事？交往占用了那么多时间，会不会影响学习呢？同伴对成长有好处吗？能带来什么好处呢？这是一件非常值得父母重视的事情。

心理学上对同伴概念的界定，就是同龄人的意思。青春期的孩子社交，同伴的范围比较宽泛，除了同龄人，还会有一些年龄大或者年龄小的人。

一些父母认为，孩子的学习比天大，一切影响学习的事情都该给学习让路，于是，他们反对孩子把精力用在同伴交往这件事情上。从成长的角度来讲，这是一个错误观点，为什么这么说呢？

同伴交往有利于孩子完成青春期成长任务，建构自我同一性。

按照埃里克森的社会发展阶段理论，青春期的孩子面临的危机是角色混乱，青春期的孩子要努力看清自己，搞清"我是谁""我能做什么""我要成为什么样的自己"，这是一个不断地自我审视的过程，在这个过程中，青春期的孩子要建立起基本的社会和职业同一性，才能消除对自己成年角色的困惑，让青春期的路走得更坚实。

由于青春期是从儿童到成人的过渡期，青春期的孩子身上既有儿童的稚气也有成人的成熟，既不能说他们是儿童也不能说他们是成人，很不确定。社会上的人有时把他们当孩子，有时把他们当大人，强化了他们内在的不确定感，使得他们内心惶恐、不安。这个时候，同伴的接纳和不嫌弃，拉近了彼此的距离，在交往中，他们从同伴那里获得的对于确定自己的角色和自我价值所需要的支持和鼓励，使得他们有力量面对当下的自己。

北京师范大学中国基础教育质量监测协同创新中心在北京发布了"区县学生发展综合评价与改进3C模型"。项目组对来自全国31个省（自治区、直辖市）600多所学校进行了抽样调查，通过对中小学生、家长、教师的调研分析发现，亲子关系、师生关系、同伴关系，都会深刻影响学生的心理健康水平，并对学生的学业成绩有着明显的影响。调查显示，同伴信任提高10%，学生的自我认同感会提高5.7%，学生的自我管理能力会提升5.2%，学生的公正感会提高5.0%，学生的积极社会信念会提升4.9%。与此同时，学生的孤独感会降低3.1%，焦虑会降低3.7%。

在学生时代，青春期是心理问题的多发期，缺少了同伴关系，孩子的心理问题会更多，所以，父母要帮助青春期的孩子好好跟同伴相处。

三种同伴关系，都要经营好

既然同伴关系对孩子的成长有着这么重要的影响，那么，青春期的孩子该如何经营好同伴关系呢？

要经营好同伴关系，青春期的孩子需要学会，如何尊重他人、如何帮助他人、如何从他人那里获取支持、如何化解矛盾等。青春期的孩子要用心，才能经营好。

1. 多多参加"大群体"的活动

同伴关系的第一类是较广泛的"大群体"，大群体的成员一般有着共同的兴趣，在参加共同的社会活动的基础上相识，彼此之间的联系不紧密，群体成员之间的关系比较松散，见面机会少。

青春期的孩子如果想要在"大群体"里保住席位，第一重要的是积极参加大群体的活动。不管活动是谁组织的，一旦参加了，就要热烈响应、配合。拆台、捣乱、贬低的事情一定不要做，冷眼旁观的态度也不被活动组织者所接纳。如果发现活动中存在的问题私下里向组织者提出来，会非常受欢迎。

即使一个人不认识大群体里所有的人，但是却可以在这里交到亲密的朋友。可以说，大群体活动是亲密友谊的孵化器。大群体的活动很宽泛，比如诗社、篮球队、足球队。

2. "小群体"相处，要顾及每个人的需求

同伴关系的第二类是小群体，小群体的成员数量比较少，但是较之大群体内聚力比较强、成员之间更亲密一些，在外人看来是一个"小集团"。在微信或者 QQ 群里，大家互动频繁，聊一聊，就能促成一个活动。所以，与大群体相比，小群体活动多，互动频繁，大家相聚在一起的时候，交谈也比较深入，所以，更利于成员之间相互了解，大家关系比较紧密。

青春期的孩子在价值观、社会信仰的发展上，都会受到小群

体成员的影响。比如，学校举办冬季晨练，小群体里的孩子们见有人报名后，不想报名的也会陆续报名。为什么？大家在一起，互相讨论，鼓励，就更容易认识到冬季跑步的好处。对于不喜欢体育锻炼的孩子来讲，参与一段时间后，锻炼了体能，提高了身体免疫力，提升了意志品质。他们就会觉得跑步真好，从此，热爱跑步，热爱体育锻炼，价值观层面就发生了改变。

小群体的活动贵在民主，大家组织活动要考虑到每个人的条件，适合大家的活动方式更有意义。大家一起交流的时候一定要顾及到每个人的感受，伤及其中任何一个人的话都不要说。

3. 两人群体，最亲密的朋友关系

同伴关系的第三类是个别朋友。和某个朋友在一起的时候，群体就变成了只有两个人的团体。相对于三人以上的群体关系，两个人之间的交往更加频繁，彼此之间更加信任，自我暴露的内容更广泛，更愿意将内心的真实想法倾诉给对方，遇到什么困难也是第一时间向这类同伴求助。

进入青春期后，朋友之间的情感需求越来越大，迷茫时，他们渴望朋友的开导和帮助；失落时，他们希望从朋友那里得到理解和支持；遇到困难时，希望朋友能够帮助自己。所以，要想朋友友好地对待自己，自己先要学会友好对待朋友。

02 我的人缘怎么那么差

最近发生的一件事情，让王晓丽很有挫败感。语文老师布置了作业，考虑到题目比较大，单人完成花费精力比较多，要求按小组来完成。

开始完成作业的第一步是分组，老师要求六七个人一组，全班分成 8 个组。老师话音一落，大家就行动了。"哎，亲爱的，咱们 6 个一组。""你有组了吗？我们组还差一个人。"一两分钟的时间，王晓丽都没想好跟谁一组，一句话没说呢，就被剩下了。虽然最后作为添加者被收容了，但是，王晓丽心里很不舒服，怎么没人张罗和自己一组呢？是因为自己人缘差吗？平时，也没得罪过谁啊？为什么就没人喜欢自己呢？

好人缘来自于同伴接纳水平

在校园里，利用下课时间走进教室，观察一会儿，基本就能判定班里谁人缘好。一个孩子人缘好不仅有利于累积人脉，而且利于学习，可以让校园生活过得充实而快乐。

同伴接纳是一种群体指向个体的单向结构，反映的是群体成员对个体的态度喜欢或不喜欢、接纳或排斥。关于儿童同伴接纳水平，心理学家考依等进行了研究。他们将儿童分为五类，第一类是受欢迎儿童，这类儿童被多数儿童喜欢。第二类是被拒斥的儿童，这类儿童不被多数儿童所喜欢。第三类是有争议的儿童，这类儿童被某些同伴喜欢，同时又被另一些同伴拒斥。第四类是被忽视的儿童，指那些很少被提名的儿童。第五类是一般儿童，他们的同伴接纳程度一般。研究者对初中学生的同伴接纳水平的研究结果表明：五类儿童的人数分布为 16.9%、15.8%、4.3%、13.2%、

49.9%。

当受欢迎儿童的人数比例不足 20% 时，提供给大家一个非常值得参考的事实：青春期的孩子同伴接纳水平有待提高。同伴接纳水平是个体在同伴群体中社交地位的反映。一个孩子的同伴接纳水平低，除了人缘差，还会影响学习发展、做事态度、自尊、自信、情绪状态等多个方面。

做个容易被同伴接纳的人

儿童在同伴中的被接纳水平具有一定的稳定性，被接纳水平高的孩子具有一些标志性的特征，具体表现在以下几个方面，如果青春期孩子从以下几方面提高自己，就会拥有好人缘。

1. 个性特征

儿童容易被同伴接纳，大都性格友好、外向、善于发起和保持交往、热情、善良、乐于助人和喜欢合作，在群体里能够受到大家的欢迎。

心理学家辛自强、孙汉银、刘丙元、池丽萍等研究显示，受欢迎组的初中生被试的亲社会行为显著多于其他行为，被拒绝组的被试攻击和退缩行为较多，被忽视组的被试退缩行为较多，有争议组的被试攻击行为、亲社会行为都较多。

青春期的孩子与人交往的时候，少考虑自己的得失，多考虑他人的利益，肯于为他人着想，就会受到身边人的欢迎。千万不要觉得这么做很吃亏，要知道，当每个人都这么做的时候，大家都不会吃亏，还收获了美好的友谊。

有的青春期的孩子朋友很少，他们也喜欢朋友多，努力去交朋友，然而十有八九不欢而散。如果这样，就需要自我反省一下，看看性格方面是否有不足，比如，对人冷淡、漠不关心、合作性差，如果是这样，就要改变自己，学习站到对方的角度去思考问题，做一个善于合作、热情、善良的人。

2. 身体吸引力

个人魅力是一张好人缘名片。有研究显示，外表靓丽、积极参与体育锻炼、知识渊博能够提升一个人的吸引力。青春是最华丽的外衣，具有百分百的吸引力。青春期的孩子如果有一颗善良的心，拥有广泛的爱好，平时努力学习、积极参加体育锻炼，个人魅力指数会很快提高，那么他们在与同龄人交往中，就很容易被接受。

3. 适度自我评价

适度的自我评价是自尊的表现。研究显示，自我评价水平适中的儿童要比自我评价水平过高或者过低的儿童，更容易被同伴接纳。为了避免成为自高自大、离群索居的人，青春期的孩子要学会对自己进行适度评价，评价内容包括：学习能力、社会接纳、身体形象、运动能力、言行举止等。谦虚是一种美德，但也不能因此对自己评价过低，长期过低的评价不利于建立自信。一个没有自信的人很难和他人进行有尊严的互动，不容易得到他人的认可。

4. 做个好学生

老师眼里的好学生更容易成为同学心中的好伙伴，为什么呢？社会心理学家认为，在同伴群体中的评价标准拿出来之前，教师是影响学生最强有力的人物，他对儿童各方面的接纳程度会通过一种复杂的方式影响其他学生对这个儿童的评价和认可。

特别是，在进入到一个新的校园、新的班级的时候，在没有和同学们熟悉起来时，青春期的孩子要注重印象管理，乖乖地做个好学生，被老师认可，就更容易被同学喜欢。

03 心情不好，特别需要向朋友倾诉

大姚最近心情不好，他的爸爸和妈妈要离婚了。虽然爸爸和妈妈感情一直不好，大姚也希望他们都过上幸福的生活，甚至憧憬过被四个大人宠爱的幸福场景。虽然这样的画面在头脑里闪了无数回，但是当父母真的要离婚的时候，大姚的内心还是很忐忑。大姚心里清楚，父母虽然感情不好，但是他们都很爱自己，关心自己的学习和生活，无论离开谁，都舍不得。

大姚特别想找人倾诉一下内心的苦闷，可是，跟谁说呢？刚分到新的班级，还没怎么跟同学交往，更没有亲密朋友。即便自己想说，也没有人愿意听啊。

为了获得友谊，大姚不断地参加集体活动，和同学积极互动，不久，大姚有了自己的"闺蜜党"。当大姚向大家说出内心的痛苦后，每个人都很同情她，有的同学还流眼泪了。那一刻，大姚心里特别温暖。

青春期的孩子的同伴归属感很强

中学生作为一个相对成熟的个体，与喜怒哀乐关联度最强的已经不再是吃喝玩乐的事情，而是人际交往。此时，他们需要同伴的爱，渴望和同伴在一起聊一些私房话、耍一些恶作剧。置身于同伴当中，他们会特别开心。有研究表明青春期的孩子缺少学校依恋容易导致一种孤立感、疏离感，可能最终导致学业失败。

孩子长大了，就要离开家。青春期的孩子开始参与到更广阔的学校与社会生活中去，他们不再黏着父母，和父母的空间距离越来越远，他们的群体归宿感也从家庭转移到了同伴，同龄孩子之间，由于年龄、性别、校园环境、文化、社会地位等方面具有相似

性，思想上更能产生共鸣，他们更愿意和朋友分享自己的喜怒哀乐，这个过程中，他们收获了友谊，友谊让他们获得了归属感。

2015 年，美国心理学教授伊娃·特拉泽博士对 46 位青少年被试进行研究，结果显示拥有可信赖、可依靠的好朋友的青少年更少有参与冒险的行为，比如，商店盗窃、乘坐危险驾驶的车、无保护的性行为等。经常与好友争吵的青少年更容易参与这样的冒险。

在青春期的孩子的心中，同龄人有着很重要的地位，他们宁愿做出无耻的、在年长者看来是出于自由选择的行动，而不愿做出羞怯的、在自己同伴看来是被迫而为的行动。青春期的孩子渴望交朋友，特别忠于同伴群体。

有的时候，青春期的孩子表现得很自闭，不愿意把内心的想法说出来，但这并不是说他们不相信朋友，只是他们有自闭的一面。很多时候，在同伴面前，他们都很开放，愿意敞开心扉，把内心的想法说给朋友听。对他们来讲，同伴的倾听就是最好的安慰。

友谊，帮助孩子战胜孤独

在青春期的孩子心目中，同龄人的话比父母、老师还要有力度，有研究证实，同伴对青春期的孩子的各种行为均有很大的影响，影响着他们的价值观形成。父母干涉孩子交友的事情虽然不利于亲子关系的发展，但是，还是要"考察"一下孩子的朋友。

1. 友谊开始变得稳定了

青春期的孩子选择朋友的标准开始趋于成熟，有共同的兴趣爱好，有共同的情感需要，性格相近，能够相互理解，这样的标准保证了友谊的稳固。

美国学者塞尔曼曾提出友谊的发展阶段，在 9 ～ 15 岁，儿童形成了真正的友谊关系，能够理解到朋友之间需要同甘共苦、互相信任、彼此忠诚。友谊关系比较稳定，会表现出占有欲和排他性。这下，父母们就该理解孩子为什么对他朋友那么好，他的朋友也对他那么好了吧？

孩子的友谊世界丰富多彩，他们会和几个人形成一个小团队，一起活动、一起学习，但偶尔会有小摩擦，也会和其他的团队发生一些冲突。如果父母笃定自己的孩子不会做出违法乱纪的事情，同学之间的矛盾，就交给他们自己去解决好了。

交朋友对孩子来讲是一件大事，也是私事，父母最好不要参与，更不要对着孩子的朋友指指点点，要想了解孩子的朋友圈，最好的办法是支持他们交往，欢迎他们来到家里。在正面接触中，了解孩子究竟交了什么样的朋友。

2. 远离早同居的男孩女孩

对父母来讲，早恋或者同居是最让他们担心和头疼的事情，男孩的父母不想儿子伤害了女孩，女孩的父母不想女儿被伤害，为此，他们不愿意孩子跟早恋男生女生交往。父母这么做，有一定的道理。

研究显示，与同居同伴关系密切的男孩女孩更可能谈恋爱以及发生性行为。为什么会这样呢？在研究中，男孩女孩均表示周围那些发生性行为的同伴会鼓励其他人发生性行为，这会对没有发生性行为的男孩女孩产生心理压力，从而发生性行为。

还有研究发现，正面、积极的同伴影响可以推迟性行为的发生。一大群男生女孩一起谈天说地，但是没有人做出出格行为，即使其中有自己爱慕的异性，也不会贸然去发生性行为。

这项研究其实给了父母们以及不想早恋的青春期的孩子一个提示，与已经早恋、同居的同学们保持一定的距离，可以避免受到他们的影响。

3. 让孩子早早拥有优秀同伴

现在社会上有一个大热话题，就是择校。关于择校这件事，人们不断地从不同的角度表达着自己的爱和恨，但是有一点，是一个非常客观的现实，那就是所谓的名校的学生无论从个体知识结构还是自身修养来看都极其可圈可点，他们大多生长在良好的家庭环境中，接受到的是良好的家庭教育。跟这样的孩子在一起，交朋友，会受到很多的正面影响。

父母尽早考虑到同伴对孩子成长的影响，在孩子交友方面，尽力创造一个好的条件，减少孩子在青春期接触"危险"孩子的机会，那么，孩子的友谊之树会茁壮成长。

04 我们是朋友啊

王云和同桌约好，放学后两人一起去阅览室读书。最后一节课上，王云被老师喊去帮忙整理一些资料，资料整理起来比较麻烦，一直忙到下课后半个小时才完工，王云也就忘记了和同桌约好的事情。

王云回到教室的时候，发现同桌还在等自己。王云有点过意不去地说："你还在等我啊？对不起了，我忘记告诉你，让你先回去了。"同桌说："我当然要等你，咱俩约好了。"王云说："现在去阅览室，也看不了多长时间的书，就要到闭馆时间了。"同桌说："我当然知道去不成阅览室了，那我也要等你啊！你一个人回家，多孤独啊！"听了这话，王云心里甜甜的，很感动地说："够朋友！"

青春期的孩子需要忠诚、可信任的朋友

友谊是两个个体之间形成的一种相互作用的、较为持久稳定的双向关系，而非简单的喜爱或依恋的关系。友谊以信任为基础，以亲密性支持为情感特征。如果没有信任，就没有友谊的存在。对于年龄较小的孩子来讲，友谊是奢侈品，而到了青春期，孩子们的行为方式趋于稳定，认识水平提高，友谊就成了必需品。

大概从五年级之后，友谊的形成以共同的兴趣、爱好为基础，朋友之间能够相互理解，会互相告诉小秘密，两人的价值观和行为准则会越来越相似。

青春期的孩子不再强调建立友谊时要有共同的兴趣爱好，而更强调彼此的情感联系，认为友谊意味着能够得到理解与亲密的感情支持。孩子们发展友谊的方式是朋友间的亲密交往，他们渴望在

交往中体验彼此的关心和帮助。

青春期的孩子争取独立、自主的心理需要很强烈，他们的情绪情感也很强烈，但是他们又在极力摆脱父母的关照，这就决定了他们对来自朋友的情感的渴望很热烈。

孩子的内心对于友谊的大门是敞开着的，忠诚与信任已经被青春期的孩子看成是友谊中更重要的内容。在谈到自己的好朋友时，他们常常提到，当和他人在一起竞争或者发生分歧时，朋友常常支持的是自己。

英国心理学家谢弗指出，没有朋友的儿童可能有情感问题、观点采择能力落后、缺少利他行为、有社会技能缺陷、学校适应性较差等。看来，高质量的友谊，对于孩子的发展具有很强的推动作用。

如何做到信任和忠诚

友谊作为一种特殊的同伴关系，不仅能帮助儿童提高社会技能，而且还能向儿童提供社会支持，对儿童的社会化具有重要意义。青春期的孩子对友谊的要求是信任和忠诚，如何做到这两点，决定了青春期孩子是否能够获取内心期待的友谊。

1. 尊重隐私

青春期的孩子需要向朋友倾诉内心的喜悦和苦闷，需要朋友间真挚的情感打开他们封闭的心门。青春期的孩子一定要明白，朋友间谈论的话题可以听，但不可以说出去。获得朋友的第一要素是能够尊重朋友的隐私。对于朋友分享的隐私和秘密，即使很幼稚也不要嘲笑，更不要当成笑料跟别人分享。

2. 是非分明

朋友之间常常需要一起面对一些事情，当朋友邀请自己去做一件明显有伤害性的事情的时候，不要觉得违心地满足对方就是忠诚。这个时候，帮助朋友保持理智，看清利害关系是做朋友的责任，如果朋友还一意孤行，就要果断拒绝。在错事面前，保持自己不陷入，竭力帮助朋友醒悟，是非分明，才是忠诚。

有的孩子害怕失去友谊，朋友一提要求，即使为难也要去满足。这么做最终会伤害友谊。青春期的孩子一定要知道，和朋友一起跳进"火海"后，连生命都没有了，哪里还能够享受友谊的温情呢？

3. 不嫉妒

当朋友获取了某方面的成功后，心理上可能会产生落差，这个时候，不要嫉妒，不要觉得朋友超越了自己会让自己没面子。恰恰相反，朋友越成功自己越有面子。发自内心为朋友欢喜的同时，自己也要争取进步。

"三人行，必有吾师。"抱着这样的态度和朋友交往，不但能发现对方的优点，促进自己进步，还能给对方以鼓励，增进相互间的亲密度。

05 家里家外"双面人"

妈妈去学校接王媛，妈妈站在校门外，远远看到女儿背着书包、抱着书兴高采烈地往外边走，一边走一边和同学聊天，笑得特别开心。妈妈想，看来，女儿今天心情不错啊！

可是，等女儿走近了，来到妈妈身边，只喊了一声："妈妈！"然后就不做声了。走在路上，妈妈问女儿："今天累吗？"女儿绷着脸说："不累！"然后就没话了。妈妈问："晚上想吃什么？妈妈给你做！"女儿说："随便。"

这时，走过来一个同学，问："王媛，那道题我还是不理解，到家了，请你给我发个答案吧！"王媛开心地说："没问题！"

哎，妈妈叹气，好好的女儿怎么就成了"双面人"了呢？

青春期的孩子更渴望和同伴在一起

一些父母很苦恼，自从孩子进入青春期后，一回家就冷着脸，一副对什么都提不起兴趣的状态。可是，一走出家门，见到了同学，就表现得眉飞色舞，一副高兴得不得了的样子。

即使父母对他们百依百顺，他们也不愿意和父母在一起，同学一声呼喊，立马飞出去了。周末的时候，不玩到大天黑绝不回家。以前带同学来家里玩，都是在客厅玩儿，客厅玩儿够了去房间，也不关门。这回，同学来了，立马进房间，而且把门关上，明显是为了把父母关在外面啊。

以前不是这样的，父母怎么就成了局外人了呢？心理学家对这个问题做了解答。

沙利文的人际发展理论认为处于不同发展阶段的人有着不同的人际交往需求。进入青春期后，随着个体自主性和独立性的发展，以及心理和认知上的发展，与童年期相比，青春期的孩子与父母、朋友的关系发生了相当大的转变。他们不再处处黏着父母，做事之前不再先听父母的想法。他们在家中的时间逐渐减少，与父母的冲突增多，并更多地将焦点转向同伴或家庭以外的活动。在这种情况下，同伴对青春期的孩子的影响变得越来越重要。

孩子交往，父母不拖后腿

孩子喜欢和同伴在一起，那么，父母就支持呗！如果父母愣要和孩子在一起，会把孩子置于两难境地：待在家里呢，自己不快乐；出去和同伴玩呢，父母不开心。从利于孩子成长的角度来讲，给孩子更多的自由，让他们有时间跟同伴交往，才能满足孩子成长的需要。

1. 支持孩子带同伴来家里

青春期的孩子的行为能力已经很理性了，他们往家里带的同伴一定是特别熟悉、交往很久的人，可能是发小也可能是同学，一般情况下，父母对这些人都熟悉。

父母用行动表达一下欢迎，是对孩子交往的莫大支持。父母把家里收拾干净一些，特别装扮一下客厅，回到自己房间把客厅空出来，准备一些糖果、水果，让孩子们随便吃，不参与到孩子们的谈话中去，更不问这个问那个，给孩子们提供一个休闲的自由空间，更利于孩子交往。

2. 给孩子留出交友的时间

有的父母每天把孩子的时间表排得满满的，什么美术、音乐、奥数都排上日程，把周末的时间也都安排上学习任务，搞得孩子根本没时间和同学交往。

不管孩子有多少学习任务，在时间安排上，都要留出一部分，让孩子有时间、有精力呼朋唤友。

3. 及时帮助孩子解决交往中出现的问题

在朋友交往这方面，青春期的孩子算是初来乍到，没有很多经验，这个时候，难免会出现不知道怎么处理的交友难题，父母的帮助有助于他们战胜友谊中的挫折。

同伴交往在青春期的孩子的心目中是一件大事，遇到挫折后内心的震荡也比较强烈，伤害也很大。有的孩子可能因为一次朋友的"背叛"对友谊充满了畏惧，不敢再交朋友；有的孩子可能说错了一句话被朋友记恨，而对自己自责，陷入愧疚中不能自拔。

这个时候，父母及时给予疏导，让孩子看清问题的实质是大家都不够成熟，处理问题欠妥当，并不是有意伤害。相互包容一下，就过去了。

06 不做友谊关系的取悦者

王军买了一本畅销书，打算周六看。可是好朋友李大强说，他想先看，王军二话不说，就给了李大强。李大强保证，周末就看完，周一给王军带到学校。周一到了，李大强没把书带过来，王军问起时，他才说："还没看完呢，得等些日子给你。"王军虽然心里不痛快，但还是答应了。

下午，体育课上，王军和同学们打篮球时，李大强过来了，也要加入。没办法，王军下场，李大强就上场了。李大强的球技很臭，跟队友配合不好，屡屡失球后，大家很有意见。课下，有的同学公然指责王军："以后打球，你再提前下场，我毙掉你啊！"还有的同学说："你跟李大强关系铁，可是，打球的时候，也要考虑一下我们的感受吧！别拿比赛当儿戏。"

王军也知道李大强做事有一些过分，但说出来，很容易伤和气，还不如忍一忍。

一味取悦，建立不起真正的朋友关系

有一种人，似乎总是在取悦朋友。只要朋友有要求，他就会想办法满足。在与朋友交往的整个过程里，不断地向朋友妥协或者迁就朋友的不懂事，并不利于友谊的发展。为了满足朋友的不合理要求而压抑自己的合理需要，虽然朋友开心了，换得了暂时的和谐，但是从长远来看，当友谊的天平不断向被取悦方倾斜后，总有一天，取悦者会因为心理不平衡而放弃这份友谊。

朋友交往的基础是尊重，只有相互尊重，走进对方心里，才能实现对友谊的信任和忠诚。只重视朋友的需要，而忽视或者压抑自己的需要，不利于建立相互尊重的朋友关系。被压抑的一方往往

感受不到被取悦者的感激和回报，心理会逐渐失去平衡，对友谊失去热情。

要想有尊严地存在于朋友关系里，就要做到彼此尊重，而不是一味退让。青春期的孩子要学会表达自己的想法、感受和要求，肯于接受不同意见，不期待朋友的想法和自己一致，更不盼望着对方对自己无条件满足。

没有人喜欢跟戴着面具的人在一起，在交友的过程中，坦坦荡荡地做自己，让朋友看到一个真实的自己，是对友谊的尊重，也有利于朋友关系的发展。不要担心会失去朋友，之所以能够成为朋友，在于彼此身上的相似点让彼此感到亲近，之所以被吸引在于对方独特的个性，所以，在朋友关系里，坦诚地做自己更利于友谊的发展。

相互尊重，友谊地久天长

青春期的孩子要想拥有一份醇厚的友谊，必须懂得如何与人相处，要学会尊重朋友，才能得到朋友的尊重，确保友谊地久天长。

1. 重视每个人的需要

父母要告诉青春期的孩子，不管自己多么渴望友谊，在和朋友相处的过程中，都要考虑到自己的需要。当朋友提出的要求违背了自己的意愿的时候，要努力去理解他人的观点、情绪情感，但一定不要勉强自己去接受他人的无理要求。为了让对方充分地了解自己的脾气、秉性，在与朋友相处的过程中，要坦诚地表达自己的想法、感觉和要求。

为了避免孩子从父母那里习得"取悦型"交往模式，父母跟孩子相处的过程中，要考虑到双方的真正需要，父母不要为了让孩子开心，而竭力去取悦孩子。

2. 保持对朋友的敬意

和朋友相处，要讲礼貌，说话不可太随意，更不要提出无理的要求。不要觉得随意是一种亲近的表现，太随意了反倒会激发朋友的反感情绪，拉开彼此的心理距离。如果父母发现了孩子与朋友在一起言行举止不礼貌时，一定要指出来，帮助孩子改变失敬行为。

3. 有误解，主动去消除

由于沟通不畅或者时间、空间导致的事情变化，朋友之间可能会产生误会。对于友谊来讲，因为误会而闹掰是最不值得的。当孩子因为被误解而痛苦的时候，父母可以开导孩子，拿出自己的真诚，主动把事情解释清楚，这是化解误会的最好方法。

父母要告诉孩子，谁都不是谁肚子里的蛔虫，洞悉别人的心理很难，所以，人之间都会有误解。当被对方误解或者误解了对方的时候，跟对方去解释既有利于自我澄清，也能锻炼沟通能力，有利于增进双方的了解。

举个例子：王静莹和好朋友去网吧玩游戏，妈妈知道后，把王静莹狠狠地批评了一顿。妈妈说："网吧治安多乱啊！万一被哪个坏男生盯上，很危险。你不是有闲钱去上网吗？没收三个月的零花钱。"上了一次网，付出了这么大的代价，王静莹非常生气，可是有把柄在妈妈手里，也就认了。她纳闷，妈妈怎么会知道这件事呢？她突然想起来，昨天放学后，从校门出来的时候，看到妈妈跟好朋友站在一起聊天的情景。嗯，一定是她出卖了自己。

从那以后，王静莹不和朋友说话了。直到有一天，妈妈无意中说："就是这个阿姨看到你去网吧，然后告诉我的啊。"王静莹无比愧疚，对朋友的态度也变好了，可是，朋友却不理她了。就这样，两个好朋友在校园里形同陌路了。

7

美好的初恋：懂性欲知爱情，控制好自己

　　到了青春期，每个孩子都会萌发对异性的渴望：愿意和异性同学聊天、会有异性形象在脑海里闪回、想知道异性的身体什么样。不知不觉地，有的孩子开始垂青某个异性或者和某个同龄异性走得很近。这种情况下，怎么办呢？像成年人那样去恋爱还是做关系要好的朋友呢？在青春期，最安全、最利于成长的方式就是和心仪的异性保持友谊般的交往，控制住性欲，期待未来美好的爱情。

01 到了了解性心理的时候了

　　孙心怡个性保守，虽然读初二了，还没特别关注过班里的某个男生。校园里大热的帅"学霸"她也不感兴趣，更没想过谈恋爱这码事儿。可是，某一天，她无意中听到男生们议论："孙心怡，那么美丽，又温柔，怎么没人追啊？"其中一个男生说："我正准备追呢！可是，不知道从哪里下手？谁有办法？帮帮哥们儿！"

　　当时，孙心怡羞红了脸。一个人的时候，安静想想，那个准备追自己的男生还真是不错！从那以后，一走进校园，孙心怡就觉得有一双眼睛盯着自己，特别是见到那个要追求自己的男生时，脸红心跳思维停滞！有时，还有点期待。孙心怡很苦恼，自己怎么就不淡定了呢？

性发育后，性心理开始发育

　　到了青春期，每个孩子都有一个重要的内容要面对，即使羞红了脸，也逃不开，这个内容就是性。青春期的孩子进入青春期后，开始关注异性，寻求异性的吸引。有的孩子不解，怎么会这样呢？就得是这样。这件事存在着生物学上的合理性，就在于通过这种吸引实现后代的延续。性本身就带有维系物种必需的力量。所以，随着青春期的孩子的性的发育，他们开始关注异性了。

　　进入青春期后，第一性征再次发育，女孩一般在十岁左右，卵巢和子宫等内生殖器开始迅速发育，阴唇、阴毛等外生殖器开始发育。大约在十一二岁时，男孩的睾丸、阴囊增大，阴茎增长；十四五岁时阴茎发育到接近成人的水平，这时，男性的性机能逐渐成熟，会有精子排出体外。

　　进入青春期后，第二性征作为性发育的外部表现开始显现，女孩大约在 11 岁，身高开始快速增长，乳房开始发育；12 岁左右出现初潮。大约在初潮的第二年，体毛生长，声音变细。15 岁开始，脂肪积累增多，臀部变圆，脸上长青春痘。男孩的表现是身材逐渐显得高大，肌肉变发达，身体的汗毛开始变粗变密，喉头变得突出，嗓音变得低沉，脸型变得棱角分明。

伴随着青春期的孩子的性特征发育，性心理也会产生变化。青春期性心理是对性的心理反映，是对性生理变化、性别差异以及两性交往关系，比如吸引、爱慕、倾心等的内心体验，及由此形成的性意识、性梦、性观念等的心理活动。

青春期的不同性发展阶段，对异性的感觉不一样，承载的成长任务也不一样。青春期的孩子必须事先了解性心理，心里有准星，不迷茫，才能心怀爱慕地平安渡过整个青春期。

性心理的一般发育过程

进入青春期后，性心理会影响生命个体的心境和行为，这是一种正常现象。青春期的孩子如何在对异性的关注和爱慕中顺利成长，不被性伤害，而又能收获男女之间的美好情愫和友谊，需要了解一般的性心理发育过程。

性心理发育过程大致可以分成三个阶段。

1. 第一阶段：异性疏远期

"异性疏远"是由性生理变化而筑起的心理防线，但是，内心存在对异性的向往和注意，这种对异性的疏远是自然而然反应出来的。对异性的疏远和反感，女孩反应比男孩强烈，而且发生得比较早。进入青春期后，女孩对第一性征发育、第二性征的出现体验较早，比如，乳房发育、有月经，在适应身体的变化的过程中，她们会有一些情绪波动，比如害羞、慌乱、忐忑、焦虑等。在她们还没有完全搞明白这些变化、接纳变化后的自己时，会疏远异性。

2. 第二阶段：异性接近期

"疏远期"过了一两年后，青春期的孩子对自己的身体已经比较熟悉了，会发现异性对自己有很强的吸引力，自己总是设法接近、了解异性。无论是少男还是少女都变得关注外在，爱打扮、追求时尚，甚至穿上了奇装异服，把发型搞得跟影视圈的"小鲜肉"一样，男生酷帅、女生萌靓！这个时候，不管内心对异性有多么强烈的渴望，他们都是把感情藏在内心，有幻想没行动。

3. 第三阶段：两性恋爱期

到了青春期后期，男生女生会把爱慕的情绪集中到单一某个异性身上，男孩追求女孩或者女孩追求男孩的事情变多了，大胆一些的会模仿成年人恋爱的模式与方法，约会、送礼物、拉手、接吻，甚至还会同居。有的青春期的孩子为爱而痴狂，耽误了学习都不自知；有的青春期的孩子能理智面对情感的波涛，以学习为重。

02 真的对异性不感兴趣

程浩是一名六年级的男生，跟杨帆的关系特别好！在校园里，两人形影不离，出了校园，还经常一起享受美食、做运动，两人在学习上，互相帮助，相约考入同一所大学。两人都觉得会成为彼此一辈子的好朋友。可是，最近，发生的一件事，让程浩感觉很别扭。

学校组织春游，临近中午的时候，大家带的水已经喝得差不多了，由于很渴，没有了兴致，大家集合在一起等待老师来送水。当时，程浩和杨帆是不同小组的组长，在不同区域活动，直到集合他俩才聚在一起。一见面，杨帆就从背包里掏出一瓶水，递给了程浩，程浩毫不客气地痛饮下去，把几乎枯萎的五脏六腑浇了个通透，狠狠地拍了一下杨帆的肩膀说："哥们儿，够意思！"

谁承想，周围响起了嘘声，几名调皮男生说："嗬，就你俩好！我们的水都奉献出去了，给女生喝了！""这里可是有好几个女同学要渴晕了，你们不怜香惜玉啊！"两人不好意思地笑了。

异性疏远期是同性友谊发展关键期

在刚刚步入青春期的时候，大约十一二岁，当异性过来套近乎或者来交流，他们会自然地躲避，甚至有厌恶情绪。"00后"的男生女生，不该这么保守，为什么这些青春期的孩子会这样呢？在青春期的初期，有一段时间，孩子会疏远异性。他们更喜欢跟同性在一起学习、活动。这样的状态持续一两年后，青春期的孩子对异性的态度会发生转变。

不管是男孩还是女孩，或者青春期的孩子的父母，都需要了解青春期成长过程中有这么一个阶段——青春期的孩子会疏远异性，才能给青春期行为一个准确的解释，帮助他们顺利渡过这个阶段。

那么，青春期的孩子处于异性疏远期时，他们的心理特点是什么样的？这个阶段对成长来讲、对整个人生来讲又有什么特别的意义呢？

在这个阶段，青春期的孩子总是有意地把自己隐藏起来。这跟青春期生理发育有关。进入青春期后，女生的第二性征发育明显，大约在 11 岁乳房开始发育了，夏季，透过薄薄的衣服，女孩看到胸前"小荷才露尖尖角"，会感觉很难为情。至于穿的内衣，如果没能得到家人的及时关照，女孩可能穿的是或松或紧的不舒服的内衣。这种情况下，她们的注意力将集中在自己胸部。

如果女孩来了月经，从笨拙到熟悉，关于经期护理，她们需要适应和掌握的内容很多，短期内完成有些困难。所以，在适应的过程里，她们会寻求女生的帮助，但一定会远远地躲开异性。

男孩呢？曾经清脆的童音被"公鸭嗓"取代，时不时还会出现"破音"，为了减少尴尬，他们试图把自己的声音藏起来，较少说话。身上开始有异味、长胡须了，洗澡、刮胡须这两件事情对于一个成年男性来讲只不过是日常小事，可是对青春期的男孩来讲，他们需要花费一些精力去适应身上的味道，学会刮胡须。

异性疏远是由性生理变化而筑起的心理防线，内心存有对异性的向往和注意，是对自身性敏感的自然反应。当青春期的孩子还没有搞明白或者不能坦然面对生理上发生的变化时，会很关注同性，会和同性一起探讨生理上的问题，即使有关系一直较好的异性朋友，表面上对异性也是比较疏远。

这样的一个由生理变化而带来的特别的心理特征，却恰恰是成长必需的心理状态。青春期的孩子疏远了异性，就有足够的精力来与同伴相处，有机会学习如何建立同性间友谊。同性友谊是发展异性正常关系的必要步骤之一，青春期的孩子在与同性交往中习得了人际交流的方法、经验、难以把握的分寸感等，这会让他们以后在与异性交往的时候会轻松一些。青春期的孩子如果没有好好利用这个"异性疏远期"发展同性友谊，可能无法适应接踵而来的两性交往。

让同性友谊之花尽情绽放吧

美国心理学家米勒博士鼓励女性把同性友谊列入优先考虑的各项事情的首位，因为这种亲密的友谊能够提高身体免疫力，降低疾病的威胁。既然上天安排了这么一个绝好的时机让青春期的孩子心无旁骛地发展同性友谊，那么就抓住机会，让"闺蜜情""同窗谊"好好遍地开花吧！

1. 搞清"异性疏远期"发生时间

一般情况，异性疏远期发生在青春期开始的时间，持续时间也就一两年。怎么确定这个时间呢？关键在于青春期的孩子什么时候开始进入青春期了。

心理学上，青春期通常指的是 11 ~ 18 岁这段时间。一般来说，到了 10 ~ 12 岁，大部分孩子都进入了青春期。但是，不同的人进入青春期的时间会有区别。就拿女孩来讲，由于个体差异造成的，有的女孩可能 10 岁左右变声，还有的女孩 14 岁还胸部平平，这都属于正常现象。

一般情况，女孩比男孩更早地意识到青春期变化，远离男生的意识更强烈。所以，当青春期的男孩发现女孩疏远你的时候，不要郁闷，不是你讨厌，而是她们的异性疏远期到了，她们喜欢跟同性朋友一起玩。

2. 注重和同性伙伴建立友谊

从社会化发展途径来看，中学时代靠的是与同伴交往获得友谊，增强内心的安全感和归属感，来实现对外部环境的适应。青春期的孩子很个性，时时都渴望在众人面前表露出自己的与众不同，这样的想法给他们带来了一些不利于交往的因素，所以，青春期的孩子需要懂得一些交友的基本法则，在交往中减少碰壁。

首先，真诚对待朋友。

所谓的以真心换真心就是在讲，要想获得友谊，一定要真诚待人。怎么才算真诚？要以认真、诚实的态度对待对方，不欺骗，让对方感受到关心、爱护，拥有信赖感。

当朋友遇到困难时，要乐于出手相助。朋友被误解时，不离弃，力挺到底。朋友遇到烦心事，愿意悉心倾听，全心陪伴。朋友有了错误行为，耐心纠正，不盲从。当然，还要向朋友暴露自己的身份、心情、对未来的打算，这样，能让对方感受到被需要、被信赖，拉近彼此的心理距离。

其次，有界限。

无论再好的友谊关系，个体在其中的存在形式也是有独立思想的个人，一旦分不清谁是谁，就会导致群体成员失去自我，无论是众从还是从众都不是引领个体走向幸福的理智行为。

真正的挚友可能不会"呼之即来招之即去"、每天和你在一起吃吃喝喝、玩玩闹闹，也不会"你说什么就是什么"，更不会"和你一起去欺凌弱小者"，但是，却能在朋友最需要的时刻出现、在朋友迷茫的时候表述自己的观点。

03 和异性交流，特别开心

姚敏是一名初二年级的学生，一直以来，她的好人缘都限于同性，和男生大多是点头之交。可是最近，闺蜜说，姚敏口味变了！喜欢跟男生聊天了。是什么使得姚敏发生了这样的改变呢？

那天，姚敏赶公交车去学校，赶上堵车，正在车站急得跺脚的时候，一辆私家车停在了路边，程明下车冲姚敏招手，姚敏坐上了同学的车，才得以踩着时间走进校门。路上，两人谈得很开心，姚敏体验了一次和男同学的痛快交流后，竟然喜欢上了和男生交往的模式，不自觉地，对待男生的态度就温柔起来了。

有的男生笔用完了，姚敏主动送给对方一支。有的男生不会做题，向姚敏求助，姚敏也会耐心讲解。男生篮球对抗赛，姚敏一反常态，成了啦啦队队员，给班里的男生加油助威。这么一来，姚敏有了很多要好的男同学。

和男生一起玩，姚敏感觉特别好！没有男同学参加的活动，她会感觉特没劲！

异性好感期，青春期的孩子更迷恋异性

青春期的孩子经历了青春期初期的不适应，到了十三四岁，他们对性生理发育已经没有什么特别的感受，进入了一种熟悉和接纳的状态。青春期的孩子性意识的表现不再是排斥异性、喜欢和同性在一起。他们接近异性的愿望变强，逐渐明朗化。在他们眼里，异性一改从前的讨厌模样，颜值变高、气质变好，不由自主地就被对方吸引了。

当男孩女孩不断交往之后，彼此会有想念的感觉，脑子里不断地浮现出同龄异性的言行举止，期待更深入地交往。为了吸引异

性的目光，青春期的孩子开始注重打扮，除了发型、衣装上更讲究干净整洁外，还喜欢穿名牌、穿前卫的衣服，剪奇怪的发型，学着父母的样子偷偷化妆、洒香水等。青春期的孩子还特别渴望有特长，他们觉得这些特长在异性面前展现出来，会特别风光。

大家一起聊天，有异性在场，青春期的孩子会不由自主地加大声调，尽可能地妙语连珠、引经据典，让自己显得知识丰富一些。事后，会想，自己今天表现得够好吗？如果有失误，心理会失落好久，还会采取行动弥补自己的缺憾。

青春期的孩子很在意外形，之前女孩不喜欢那些见了异性故意推搡、恶作剧的没风度男生，男孩不喜欢花枝招展、学业落后的女生。但是，在当下这个年龄段，青春期的孩子对以上行为可能并不反感。男孩喜欢某个失足女，女孩喜欢某个辍学男生，都大有可能。

这个阶段的青春期的孩子喜欢的对象并不固定，今天看着这个好，明天看着那个好，还会喜欢自己的异性老师或者朋友圈里某个异性，和谁一起玩都很开心，一般不会特别地对某个异性好。不管喜欢谁，他们都不会说出来，更不会向着对方表白，顶多写在自己的日记里。但是，随着青春期的孩子不断长大，他们会有自己的价值体系，对人、对事有自己的评判标准，能够初步确认自己"喜欢什么样的异性"，然后会按照自己的认识做出理性的判断和选择。

多多结交异性朋友

青春期有一个阶段，是结交异性朋友的时期，青春期的孩子到了这个时期要结交异性朋友，了解异性心理，学会和异性相处，这是成熟的表现，是成长的需要。这个成长任务完成了，就会进入下一个阶段，如果受到压制或者遇到阻碍，就会影响进一步成长。

1. 顺应心理需要

青春期的孩子在这个年龄段，会比较在意外表，喜欢穿漂亮衣服，买时髦鞋子，因为在乎发型进理发店的次数变多，这种情况下，不要怀疑自己是在"变坏"，父母家人也不要干涉。青春期的孩子追求美的过程，可以提高自我认识，产生自我认同感，促进自尊心和自信心的增强。父母不要鄙视他们的穿搭水平，更不要担心他们的奇装异服会扰乱了审美，用不多久，他们就能穿出自己的风格。

从心理的角度来看，两性交往的最初形态是求美型。进入青春期后，只要青春期的孩子自己认为美，不给社会带来负面影响，就随他们去表现吧。

青春期的孩子一起活动、学习是健康心理成长的必要条件，爱慕异性的心境对成长很有益。青春期的孩子在接触的过程中会产生一种相互的吸引力和激发力，对双方的学习和生活能产生积极的影响。

2. 恰恰好在一起

什么是恰恰好在一起？就是青春期的孩子在一起玩耍的时候，环境是开放的，身边有其他的男生女生，不把孤男寡女封闭在狭小空间里。这个阶段，青春期的孩子可能自控力不足，过多过密的单独接触可能让好感升级，引发"爱"的错觉。引发性的冲动或者发生早恋都不是这个年龄段的青春期的孩子该做的事情。

但是，也不能和异性接触得过少过疏，青春期的孩子渴望和异性交往的心愿得不到满足，性心理就得不到正常发育，好奇心、神秘感会变得更为强烈，性冲动可能会被压抑后破坏性爆发，一旦青春期的孩子没有受到过性教育，结局就惨了。若干年后，青春期的孩子到了恋爱季节，可能因为没有和异性交往的经验，而不能好好交往，蹉跎了恋爱时光，成为大龄剩男或者剩女。

04 我俩关系最好

当姚亮和程瑶被安排坐一起的时候，程瑶真的是不愿意啊！但是老师安排的，拒绝的话不好说出口。可程瑶心里一直在打鼓，自己是"学霸"，他呢，"学渣"啊，和他坐一起，怎么讨论学习啊！谁都知道，他家有钱，他被惯了一身"公子病"，课堂上，他听不懂就睡觉。写作业的时间，他不写作业，就在作业本上画漫画。程瑶在心里告诉自己，好吧，既来之则安之，不打扰我就可以！打扰我，我就"横眉冷对"！

两人坐在一起后，程瑶一天比一天更强烈地感觉到，这位"公子哥"没有自己想象的那么差劲。遇到不懂的问题，还会虚心向自己请教。每次给他讲题，他听得都很认真，好像还很陶醉，末了，还会说："谢谢，辛苦了！"程瑶没想到，他学习的欲望这么强，现在会不由自主地帮助他。渐渐地，程瑶发现，姚亮上课不玩手机了，也不睡觉了，难道他都听得懂？

程瑶问他："你上课，怎么不睡觉了？"他说："老让你给我讲题，我于心不忍啊！咱俩一起努力！"一句话，搞得程瑶脸红耳热，不过，她一点都不反感，还觉得，这个大男生太可爱了！为了犒劳程瑶在学习上对他的帮助，姚亮常常给程瑶带一些小食品，都是程瑶喜欢吃的。

渐渐地，两个人的交往不再限于班级里，业余时间也常常相约去图书馆看书、聊天。

有时，晚上收不到姚亮的微信，程瑶心里惶惶的，不由自主地胡思乱想。有一次，外班的一名女生来班里找姚亮，害得程瑶一天都心神不定，听不进课去。姚亮高大帅气，家庭背景好，是很多女生追逐的对象。局外的女生们常常说那些女孩看上的是姚亮的物质条件。程瑶觉得，自己不物质，但是确实被姚亮吸引了！

当姚亮向程瑶表白的时候，程瑶忍不住答应了他的请求，做他的女朋友！但是，程瑶和他说好了，要以学习为重，不做〝违反规则〞的事情。

两性恋爱期，中学生该怎么恋爱

十四五岁以后，青春期的孩子逐渐进入高中阶段，此时，已经是青春期发育的后期，一些人开始了初恋模式。这个初恋模式指的是一个男生跟一个女生关系特别好，是大家眼里的〝恋爱〞，也可以称作初恋。

青春期的孩子一定要记得，此时的恋爱，并不是真正意义上地向着婚姻发展的恋爱，只是一种异性间的〝爱慕〞，这种爱慕源于〝性本能〞，情感方面还没有达到两情相悦，只是喜欢和互相有好感。所以，青春期的孩子不可以模仿成人世界的恋爱，不可以发生性行为，更不能同居。为什么这么说呢？虽然随着青春期性意识的觉醒，有了喜欢某个异性的需要，但是大部分青春期的孩子并没有足够的人生经验，还处于整合对自己、对他人、对社会的认识，建立起自己的认知体系的阶段，很不成熟。

青春期的孩子并不具有处理爱情行为的能力，在人的各种关系中，爱情是最高级别的关系，是最复杂的亲密关系。要经营好这种关系，需要时间和精力，更需要一定的交往能力。一些青春期的孩子因为处理不好友情还在哭鼻子呢，哪里具备处理爱情的能力呢？人们经营各种关系的能力是从简单到复杂的过程，眼下，还是不要涉及爱情吧！

他们只是模仿成年人恋爱的行为举止满足对异性的渴望，内心拥有的是朦朦胧胧的对异性的向往和依恋，远没有考虑到恋爱需要建立在对社会、对他人、对后代负有责任和义务的基础上。

真正的恋爱以责任为前提，不管男孩还是女孩具有爱的能力才能谈恋爱。青春期的孩子还不能真正地理解爱情，尽管他们觉得自己懂得了爱情，但那只不过是把"简单的异性相吸、对异性的好感"当成了爱情。如果没有建立起正确的恋爱观，受当下"有恋爱就有性"的不负责任的男女交往范式，青春期的孩子很容易突破交往防线。

不管是男孩还是女孩，喜欢上了某个异性，心心念着对方，渴望成为彼此的唯一。有这样的想法很正常，这是性心理发展的正常现象。这样的心理发展提示青春期的孩子可以有自己喜欢的异性，并建立起真挚、纯洁的情感，继续交往，但眼下却不可以私定终身，至于未来，就看双方的发展了。

青春期的孩子应该懂得，自己正处于学习关键期、为未来从业打基础的生命发展阶段，需要集中全力来完成学业、构建未来，没有经济能力来照顾"爱人"、迎接并养育新生命。

早恋舒适区：不说破的"前爱情阶段"

青春期的孩子只有从容面对性渴望，对异性爱慕有度，才不会吞咽青涩的苦果，才能如期收获美好的爱情。如何让青春期的孩子不被性和不良的性环境左右，这不光是青春期的孩子要搞明白的事情，也是父母以及教育工作者要特别关注的内容。

1. 用正确的恋爱观检验一下当下的情感

当青春期的孩子痴迷于某个异性的时候，如果用正确的恋爱观检验一下当下的情感，有利于他们冷静下来，保持这种"试恋"的状态，而不盲目升温。

恋爱观是指一个人对于爱情的认识与了解，对于恋爱的态度，看法及行为倾向。恋爱观与一个人的价值观、人生观、世界观紧密相连。青春期是"三观"的形成期，恋爱观自然也不成熟。

当下的社会环境很具有挑战性，遍布在网络的网页里、微信群、QQ 群里的关于性的图片和文字描述，太容易让青春期的孩子看到，这会降低性的"神圣感"，增强性的"随意性"。男孩可能为满足女孩物质需要铤而走险，女孩可能为向男孩表达"爱的忠诚"而献出身体。

青春期的孩子尽早建立起正确的恋爱观，才能拥有正确的性态度。恋爱是获取或者巩固爱情的过程，是结婚的前提和基础，结婚是爱情在内容和形式上的升华。爱情的基础是双方有一定的社会基础和共同的生活理想，渴望对方成为终身伴侣的愿望很强烈，并负得起责任、感情专一。对于青春期的孩子来讲，对性爱、理想和责任三个爱情的基本因素都无法确定，因此即使有喜欢的异性，可以爱慕，但一定不要盲目将此定性为爱情。

2. 青春期"前爱情阶段"，先发展友谊

人与人的关系只有在接触的基础上，彼此了解后才能建立起来。既然青春期的孩子有爱慕一位异性的渴望，那么，就让他爱慕吧。这样，在和异性接触的过程中，可以了解对方的心态、想法，知悉异性的品质，学会如何和异性交往。在这样一个和异性认识和交往的过程中，有助于在心中构建自己喜欢的异性的模型。慢慢地，遇见爱情也就成了水到渠成的事儿了。

3. 男孩也不可以放纵

有的父母觉得，青春期的孩子发生性行为，男孩不吃亏，所以，就没有严加管教孩子。事实并非如此，青春期的孩子你情我浓时，有了性行为，一旦沉迷，必然会牵扯一部分精力去"掩盖"。一旦女孩怀孕，女孩受到的身体上的伤痛会让男孩陷入愧疚当中，

在负性情绪状态下，男孩会难以集中精力学习。青春期的孩子发生性行为，大多是男孩主动，如果男孩自己多约束，父母多管教，青春期性行为就不会那么多，女孩被伤害的机会就大大减少了。

05 要不，我也谈恋爱

张军也有女朋友了！这件事让班里的男生们着实兴奋了一回！张军是班长，以前，同学们一直称呼他"班长"！可是最近，大家改名了，称他为"班干部"！为什么呢？班里的男生大多有女朋友了，张军还单着，不是没人喜欢，而是他不感兴趣！大家想不通，那么多美丽的女孩向他表达好感，他怎么就不动心？

张军不是不动心，只是他觉得还是应该把学习放在第一位，现在女孩那么骄傲，动不动就闹脾气，太麻烦了！把哄女生的时间放在学习上，多好啊。

最近，张军参加学校辩论赛，隔壁班的一位女生辩论时逻辑严谨且落落大方，显得特别引人瞩目。结束后，大家在一起谈论，那位女生从包里拿东西的时候，把一本书放到了桌子上，被张军看到后，问了一句："你在看这本书？"女生说："我看完了，你也在看吗？"张军说："我没看过。"女生说："你想看的话，拿去吧！挺有意思的！"就这样，两人认识了。张军有意无意地又打听到了这个女生的一些事迹，感觉她很优秀、很独立，想和对方做朋友。那样的话，大家也不会打趣自己了，自己也确实喜欢这个女生，岂不是两全其美？

只是，那样的话，自己不就早恋了吗？

孩子有早恋的苗头，管不管呢

中学生早恋之所以被父母、学校、社会不容许，这是因为他们害怕孩子一旦早恋，就有可能出现同居、怀孕、离家出走等情况，影响学习，耽误未来。于是，他们想给孩子建立一种认识，不应该早恋，以此约束孩子的行为。

事实上，中学生早恋是一种正常行为，不早恋也是一种正常行为，对孩子的成长来讲，不出问题就可以。

伴随着性意识的发展，如果青春期的孩子有喜欢的异性，相互建立起信任的朋友关系，内心对异性的渴望获得了满足，光明正大地和异性相处，能够汲取异性的性格优势、行为方式，有利于青春期的孩子进一步走向成熟。

青春期的孩子对异性有好感很正常，有走得比较近的异性朋友也很正常。只要青春期的孩子受到了正常的性教育，他们一般都能保持异性间交往的尺度。反倒是，父母、师长不明所以的干涉，会激发他们的反抗意识，促成真正的早恋。

青春期的孩子自尊心很强，他们觉得自己已经能够主宰自己的事情，外界的干涉是对自己的不信任，他们会选择以外界最不愿意的方式来回击过去。你不让我恋爱，我就恋爱；你不让我见面，我就见面；你让我学习，我偏不学习。所以，父母既不能怀疑孩子，也不能背地里调查孩子。

父母要做开明的人，理解孩子的性渴望，尽早告诉他们早恋的危害，教给孩子如何避免伤害，孩子反而会更听话。

青春期的孩子要在哪方面控制自己呢

青春期的孩子有着怎样的青春风景，是阴霾多雨还是阳光灿烂，取决于他们能否控制住自己的性欲。

1. 不要控制和异性的交往欲望

在今天这样宽松的社会环境下，大部分青春期的孩子已经不再压抑自己的情感，有了喜欢的异性就会接近、表达，争取和对方走得更近一些。这样其实没什么，很正常。把自己封闭起来，不和异性交往才是有害成长的非正常行为。

所以不管是父母还是师长，都不要强行控制青春期的孩子的交往需要，推己及人：难道自己的青春岁月不也是激情澎湃吗？死命地压抑、装作不解风情连朋友都不敢做的结局是不是直到两鬓斑白还在心存遗憾？觉得当初真的不应该那么回避，而是要大大方方地建立友谊！

当父母默默地接受孩子有喜欢的异性朋友的状态时，青春期的孩子就不会躲躲藏藏，以致连正常的异性友谊都不敢发展。那份比爱情少一点比友谊多一点的青春情愫对青春期的孩子来讲是一份特别美好的感受，是最宝贵的青春大礼，足以回味一生。

当青春期的孩子有了喜欢的异性的时候，控制正常交往的欲望不可取。但是，当没有喜欢的异性时，为了交往而交往，为了让自己"脱单"以便于融入"成双"的同学中去，更不可取。这压抑的不光是自己还有对方，不如洒洒脱脱做个"独行侠"。

2. 控制住性欲望

青春期的孩子要控制住性欲望，需要心中有根弦，那就是"我要把贞操作为新婚的大礼送给我的爱人，向婚姻致敬"！青春期的孩子不光这么想，还要把想法落到行动上，才能控制住欲望。

首先，一定不要和喜欢的青春期的孩子单独相处。两人关系好，想一起活动，不管是在教室还是宿舍楼、操场上都要几个男生女生一起活动，更不要去环境隐蔽的郊外、公园。

其次，男女有别，不触碰对方的身体。青春期的孩子在一起的时候，要保持一定的距离，即使对方的身材很惹火，看到后，也要尽力控制不去想入非非。

最后，远离色情内容。一个人的时候，青春期的孩子会感到孤独，可能会上网浏览网页，会不自觉地就被"性画面"吸引。此时及时关闭页面，会让内心趋于平静。如果真的要了解与性相关的知识，了解自己的身体，就买一本与青春期相关的书，细细品读，获取最科学的知识。

3. 把内心的不平静释放出来

即使青春期的孩子没有和异性确立恋爱关系、没有同居、没有怀孕，也会有一些烦恼。有的女孩不胜男孩"表白"，内心不能平静，每天想东想西，无法集中注意力学习，造成成绩下滑。有的男孩发现自己喜欢的女孩和哥们儿好上了，而那哥们儿无论学习还是运动在自己面前都"俯首称臣"，太丢面子了。有的男孩暗恋班里的某个女孩，可惜襄王有意神女无心，动不动就白眼飘过，恨得牙痒痒，总想着怎么给对方点颜色看看，为此，耽误了学习。

不管以上哪种原因导致的内心不平静，青春期的孩子都要明白：假使别人都成双成对了，唯独自己落单了，也不足以表明自己的失败，更不能说明他们的幸福。这个年龄阶段，大家一起做朋友，才是真正的赢家。

06 常常想起那个女孩

最近，上课的时候，童然不断地走神，他命令自己不去看前排女生，可总是控制不住，不自觉地就会想入非非。每当意识到自己又走神了，赶紧拽回时，已经错过了老师讲的一些内容了，对此他很自责。一堂课下来他不止一次提醒自己，要集中注意力。

升入中学以后，班里陆续出现了一对对关系要好的异性朋友，大家认定他们是"一起的"。为了集中心思学习，童然下决心不在中学阶段交女朋友，这已经坚持了好几年了，可是，最近有点控制不住自己，怎么回事呢？

晚上，一个人躺在床上，童然还是会不由自主地去想前排的那位女生，想她睡觉了吗，想她是否会想其他男生，想她睡衣的颜色，想她睡在自己身边，想自己某一天和她一起出去玩，想自己亲吻她的情景，想着想着，身体就有了反应，睡着后，女孩还会出现在他的梦中。

童然担心，自己是不是学坏了呢？难道对那个女生有意思？

对性幻想有个科学的认识

青春期的孩子都会有性幻想。那么，什么是性幻想呢？性幻想是指在清醒状态下，对不能实现的与性有关的事情的想象。关于性幻想，并不是每个青春期的孩子都能正常面对，他们会觉得这是不好的行为。研究人员对四川省内江地区 1176 名学生进行性知识现状及其来源问卷调查，结果显示：11.04% 的男生和 25.14% 的女生认为"性幻想是道德不好的表现"或是"让人难堪"的事。由此推断，青春期的孩子所获取的性知识质量并不高。

那么，性幻想真的是不道德的吗？有了性幻想就学坏了吗？

这是青春期的孩子一定要搞懂的科学知识。

青春期的孩子进入青春期后，性腺分泌的性激素增加，促进了生理发育，唤醒了性意识，青春期的孩子有了性渴望。但是，青春期的孩子无法通过合理合法的方式来满足性欲，于是，在遇到性刺激后，会产生与之相关的想象，也就是性幻想。

性幻想是性本能的正常愿望，是一种正常的心理现象。青春期的孩子通过性幻想可以缓解性兴奋，让身心趋于平静。性幻想也是一种心理防卫机制，避免无所顾忌地去追求现实中的性满足。对于青春期的孩子来讲，性幻想偶然出现是正常的、自然的，不可过分压抑也不可沉浸其中。压抑或者放纵的结局都是不能让性自然发展，导致性心理走向非正常状态。

避免让性幻想成为青春的痛点

性幻想是一件再正常不过的自慰行为，自慰能够使受抑制的性欲或者性冲动得到解脱，使身体趋于平静，能够集中注意力学习。青春期的孩子除了知道性幻想可以有外，还要处理好一些相关问题，才能避免性幻想成为青春的痛点。

1. 偶尔性幻想，不要有压力

偶尔的回忆影视剧中与性有关的桥段，把自己想象成主角，或者虚构出另一个更浪漫的爱情故事，都不是问题。但是，天天这样，不学习、不读书、不做事，就在那里想与性有关的内容，就是"堕落"了。偶尔性幻想后，不要有压力，想了就想了，接下来做该做的事情，没什么的。

2. 有意识地避开与性有关的刺激

如果青春期的孩子受到刺激后，会频繁发生性幻想，那么，就要避开这些刺激。如果上网的时候，容易阅读性描写文章或者观察性画面，那么，就不要上网，或者在有家人或者朋友的时候上网。睡前，喜欢在手机上阅读网文，为了避免被刺激画面吸引，可以改作听评书或者微信讲座。

一些青春期的孩子成立的 QQ 群或者微信群，里面会有很多裸露画面，青春期的孩子也会在里面聊一些露骨的话题，要想不被刺激，就不要进这样的群。如果想获得性知识，可以通过阅读正规书籍来实现。

如果某个异性对自己构成刺激，那么，就直接跟这个异性接触，大大方方地，一起学习，一起讨论问题，一起运动，这样，神秘感降低了，或许就不会靠着想象来满足渴望了。但是，一定要避免单独在一起。

3. 爱学习、爱运动

青春期的孩子懂得学习才是自己该做的正经事，要把主要精力放在学习上，上课认真听讲，课后认真完成作业，力求掌握所学知识。这么做的过程，行为就有了正能量的吸引，自我控制的力量会很强大，即使会有想入非非的时刻，也会被意识拉回到学习上来。

青春期的孩子应该培养学习之余适度运动的习惯，比如打篮球、踢足球、打排球、跑步等。学习之余，每天按时运动，身体的精力被消耗，累了，就能睡着，就没有过多的精力性幻想了。

07 恋爱对青春期的孩子来讲是洪水猛兽吗

张晶晶住院了，请假一个月。这一个月里，张晶晶身体躺在床上，脑子却不断地闪回：自己怎么就怀孕了？事前，要是知道怀孕，就不跟他那个了！都怪他，不停地说，不停地说，自己就妥协了，要是再多坚持一会儿，或者快速离开他家就好了。

还有，妈妈不停地自责，怪自己没有照顾好女儿！明明是自己瞒着妈妈和班长恋爱的，哪里怪得着妈妈呢？更何况，妈妈不止一次告诉自己，不可以早恋啊！

哎！好在没有闹得满城风雨！同学们都不知道自己的事情！班长一家也算负责！父母也算接受了两个人的感情！不过，张晶晶还是担心，如果未来自己不喜欢班长了，或者班长不喜欢自己了，怎么办呢？难道，因为这样的一个错误，自己的青春就骄傲不起来了吗？时光要是倒流的话，自己一定选择不恋爱，至少不偷偷做这件事！

因为怀孕，早恋变成了洪水猛兽

有人说，早恋不是洪水猛兽，青春期的孩子性发育了，渴望与异性相处，很正常。有人说，早恋就是洪水猛兽，你看那些怀孕的女孩，留下的伤害不是一辈子的痛吗？

青葱岁月，伴随着性成熟，青春期的孩子都会形成强烈的性意识，出现性渴望、会做出性尝试，有的青春期的孩子在不懂性的情况下，可能发生性行为。一旦有了性行为，就有可能会怀孕。这一点，很多青春期的孩子并不懂，于是，就稀里糊涂地怀孕了。怀孕以后，面对受伤的身心，后悔自己当时太无知。多年以后，才知道其实当年自己真的不是为了爱情才发生的性行为，顶多出于性本能或者性好奇，当年心心念念的情感顶多算是一份比友谊进一步但绝对算不上爱情的男女情谊。

据 WHO 统计，全球每年人工流产人数为 4800 万，我国人工流产人数约达 1300 万，50% 是 24 岁以下的青春期的孩子。除了这个统计数据，如果足够细心，也会发现诸多中学生怀孕的现象。对此，青春期的男孩、女孩，青春期的孩子的父母们该警醒了。人工流产对女孩的伤害太大了。

生理方面，人工流产对女孩的生殖系统伤害很大，如果手术不当或者术后没有得到及时护理，轻的可能会造成感染、出血、月经不调、习惯性流产，重的会造成不孕不育。心理方面，青春期的女孩怀孕是违背社会文明礼教的行为，即使没有招来周围人异样的目光，女孩也会觉得别人另眼看待自己，心理压力很大，恨不得躲起来。

不要觉得女孩没有怀孕、不做流产，日子就安稳了。青春期的孩子围绕恋爱、同居带来的感情上、交往上的烦恼，也足以搅得他们没法安心学习。

青春期的孩子发生性行为后会让生活偏离正常的轨道，尤其女孩，一旦怀孕，就会陷入愧疚、悔恨、恐惧的情绪当中，如果不能得到及时的抚慰和关爱，内心的伤痛足以毁掉女孩。青春期的孩子都无法阻止自己被一名异性吸引，但是，却可以让自己在异性面前做到足够自重。

女孩如何做到自重

当孩子进入青春期后，一些父母的心就悬起来了。当父母们浏览网页的时候，看到"某某女生，卫生间产子""某某男女学生校外同居""某某女生怀孕后，不知孩子父亲是谁"类似的新闻，就更坐不住了。恨不得时时刻刻守在孩子身边，保护女儿不受侵犯、监督儿子不要过早发生性行为。事实上，青春期的孩子怀孕事件并没有因为父母的担心而减少，看来，担心不能成为孩子的警戒线，禁止不了孩子偷食禁果。最管用的禁令是教孩子自重。

1. 知己知彼，不冒险

关于怀孕这件事，青春期的孩子不但要知道自己，还要让对方知道。男孩要懂得女孩会怀孕，自己有让对方怀孕的能力；女孩也要明白，自己有怀孕的功能，男孩会让自己怀孕。

女孩的卵巢每月产生一个卵子，并排出体外。男孩的睾丸具有很强的生精能力，每克睾丸组织每天产生约 1000 万个精子。当青春期的孩子发生性行为，男孩的阴茎进入女孩的身体，男子的精液射到女孩的阴道，精子从精浆中游出，穿越女孩的子宫颈、子宫腔、输卵管峡部，抵达输卵管壶腹部与卵母细胞相遇，将遗传物质输送入卵母细胞内，一颗受精卵就这样诞生了，女孩就会怀孕。

青春期的孩子知道了发生性行为会怀孕，一旦女孩怀孕，两人的恋爱关系就会被暴露，社会上、校园里、家庭里的压力就会扑面而来，生活将无法平静。青春期的孩子预测到这个可怕的结局，就会心有余悸，就愿意克制自己的欲望，不会稀里糊涂冒险了。

2. 承认自己在爱情上很"幼稚"

事实上，青春期的孩子并没有真正懂得什么是爱情，只是刚刚踏入了追求爱情的门槛，如果行动过猛，十有八九会"闪腰"。切菜简单吧，初学者还大多切手，爱情涉及的内容更多，涉及当下和未来，不光是男孩和女孩两个人的事情，同学、学校、家庭都包含在内，最重要的是涉及变化。青春期的孩子当下的样子不见得是未来的样子，眼下喜欢的人将来自己是否喜欢，眼下的自己并没有把握。不能把握的爱情堪称超级大冒险！

　　青春期的孩子要看清自己当下对待情感的能力，承认自己处于欣赏、向往的阶段，为了学习和异性交往可以多接触自己喜欢的人，但要记得这不是爱情，是在"试恋"，不可以做成人世界里相爱的人做的事情。

08 孩子恋爱了

连续几日，王青青都闷闷不乐，妈妈猜想可能遇到烦心事儿了，问她怎么了。女儿不说，过一会儿，来了一句："妈妈，班里的男生太讨厌了，我想转学！"妈妈说："是，妈妈当年遇到过淘气的男生，特别想灭了这些臭男生！不过后来，成了很好的朋友。"女儿瞪大了眼睛："和他们交朋友？一天到晚胡说八道，乱编排人！"妈妈应和："是，今天说这个男生和那个女生恋爱了！明天说谁看上谁了！后天，又说谁考试抄袭了！总之，一天到晚鼓捣事情！"女儿说："就是呢！他们居然说我和王晓鸥早恋！气死我了！"妈妈说："就因为，你俩经常一起上学放学？就说你们恋爱了？太搞笑了！"

女儿说："谁说不是呢？"女儿神秘地趴在妈妈身上，说："王晓鸥要打那几个男生，他们就闭嘴了！但是，班里还是有人以为我和王晓鸥是一对儿！"妈妈说："你不会真的想和王晓鸥恋爱，让大家看看吧？"女儿说："妈妈，你还别不信，我们班就有这样的，本来没事，被几个坏男生传了谣言，倒真成了一对儿了！"妈妈说："那你也准备和王晓鸥成一对儿吗？"王青青说："说不准！"这回，妈妈不知道怎么办了。

有一种早恋："恋爱给人看"

有一些男生女生有好感，处于彼此默默爱慕的阶段，可能在校园活动、学习、课外活动等方面志同道合，联系比较多，但是并没有把彼此当成自己的异性朋友，这样的纯洁友谊该是校园里最美丽的风景。

可是有一天，两人的关系变了，变成大家"口中"的模样，是两人真的情到浓处的自然表达，非要确立关系不可吗？事实上，有很大一部分早恋，是恋给别人看的。

1. 被同学"拴对儿"

班里总会有一位或者几位同学特别活跃，上蹿下跳地喜欢给班里的男生女生"拴对儿"，看到谁和谁关系好点，或者经常一起活动，就开始散布两人的信息了，直到大家都以为两人恋爱了。

不管这样的人是出于"看热闹不嫌事大"还是"把班里氛围搞起来自己好浑水摸鱼加入恋爱大军"，结果是，被"拴对儿"的同学真的就成了"一对儿"。

2. 跟着形式走

当青春期的孩子看到要好的同学都有了"一对一"的恋人，大家在一起玩，就自己落单，面子上有点过不去，于是，就在同学中寻找自己喜欢的，找到了，也就恋爱了。其实，并没有深刻思考什么是恋爱、什么是早恋、现在是否适合恋爱，总之，稀里糊涂就恋爱了。

3. 被父母逼的

有的父母总是疑神疑鬼，有异性给孩子打个电话，他们就盘问个没完没了，然后警告孩子，不能早恋。周末，同学聚会，父母也要盘查一番，三令五申，不能恋爱。父母的不信任激发了孩子的逆反情绪，本来对恋爱一点都不感兴趣，倒引发了恋爱的兴趣。这类孩子一旦恋爱，就不避讳父母了，一副公然和父母对抗的样子。其实，并没有真正地享受恋爱的感受。

4. 被异性追求

有的孩子不爱学习，内心也比较空虚，看多了言情剧，觉得恋爱很美好，很想尝试，于是，有异性追求时，对对方也不反感，就接受了。一旦享受到了恋爱带来的好处，就舍不得放弃了。

和孩子一起解决，一定不要把孩子往外推

当父母得知孩子恋爱了，这个时候，父母先做自我反省，看看自己在教育上有什么疏漏，但是不要自责，孩子早恋不是家庭问题，而是社会问题。在这个思想基础上，做好和孩子一起面对的准备。

1. 不自责，认清早恋是社会性问题

父母一定不要自责，觉得自己教育不到位，导致孩子没有管住自己，就早恋了。

随着社会开放度的提升，在性方面，出现了一些泛滥的情况，到处都是拥抱接吻、卿卿我我、男欢女爱的描写或者镜头。在青春期的孩子的性道德还没有建立起来、自控力还不是很强的情况下，难免不受其影响，表现为大胆模仿影视剧或者网络上的恋爱方式、恋爱内容。

2. 不要说教

父母可以明确地告诉孩子，你恋爱了，恋爱就恋爱了，不管你在什么心理状态下恋爱的，都违反了学校的规章制度，做出出格的事情后，就不是一个好学生了。因为，好学生是不会做出严重违纪的事情。

在告诉了孩子"出格"的后果后，父母要给他自由。父母可以对孩子说，父母捆不住你的手脚，也不会监督你，你有你的自由，但是，希望你以学业为重，好好学习，好好成长，等真正长大了，有恋爱的能力和资格了，再来恋爱。

最后，重申父母对他的态度，希望孩子好好思考父母的意见，父母愿意和孩子一起承受青春的悸动，平安渡过青春期。

3. 父母千万不要控制

有的父母对孩子不放心，就采取行动了，无外乎，偷查孩子

的用品、去学校里或者向同学打探消息、跟踪孩子，这么做的终极目的就是控制孩子，不让他们早恋。

殊不知，现在孩子比父母那一辈成熟得早多了，他们能够躲过父母的眼睛发展恋情，控制对他们来说一点作用都没有，反倒离间了亲子感情，使得孩子更逆反。

8

攻击行为是典型的社会适应不良行为，不利于青春期孩子的发展。欺凌行为是攻击性行为的一种，到了青春期，会呈上升趋势，这意味着因此导致的斗殴、自杀、他杀、抑郁、焦虑等高危行为也会多发。为了让青春期的孩子顺利长大，不发生危险，父母及师长需要帮助他们及早认识、理解欺凌行为，杜绝欺凌行为的发生。

01 不懂欺凌，容易被欺凌

开学没几天，在李俊耀的班里，有位名叫章廷的男生开始制造声势，有意无意地表露自己的"霸气"。坐座位，他喜欢哪里就坐哪里，别人已经坐下了，他要赶下来；课外活动，一整节课他都霸占着乒乓球台，别人根本没法玩；写作业，他不会，一句"给哥们儿看看"，然后就拿走了别人的作业本；他的水喝完了，看到别人有没打开的矿泉水，咧嘴一笑，就拿走喝去了。很多同学都很反感。很多同学是从外校考进来的，对于环境很陌生，敢怒不敢言。

李俊耀和其他五名同学是从本校升进来的，对于校园环境不陌生，由于以前就认识，所以，几个人很快成了朋友。面对章廷的霸道行为，他们想揍他。但是，被身为班长的李俊耀制止了，他说，再等等看。

有一天，章廷又拿走了班里一位同学的作业本，那位同学很生气地说："你能不能经过我允许再拿啊？"章廷大声说："你还挺牛，我就拿了，怎么着？"那位同学说："你这人不讲理啊？"说到这里，正好上课了，大家也就各就各位了。

大家没想到，章廷还真不讲理了，从那天起，他每天都会非常蛮横地拿走那位同学的作业本，搞得那位同学非常生气，他跟班长李俊耀反映情况。李俊耀告诉章廷，以后别拿人家笔记本。不承想，章廷迎面就是一拳："要你管？我拿你的作业本了吗？"李俊耀没想到他会动手，想着也不能跟他一般见识，就说："你不还给人家本子，我们只能让老师来解决了。"这样，章廷才把作业本还回去。

然而这事却没有过去，没几天，打篮球的时候，章廷狠狠地踢了李俊耀一脚，李俊耀清晰地感觉到那不是简单的碰撞，而是故意踩踏。李俊耀非常清楚地把这件事情记录下来后，细心留意章廷的行为，积累了大概有 10 多件，就把情况反映到了老师那里。老师觉得章廷的行为就是欺凌，已经影响甚至伤害到了其他同学，并第一时间找章廷谈话，在班级里开展了关于"认识、监督并打击欺凌行为"的教育。之后，章廷认识到了自己的错误，也愿意接受大家的监督。

青春期，欺凌行为的高发期

在教育领域，欺凌行为是个热点话题。因为，欺凌行为的伤害性越来越大了。校园里的欺凌行为，到了青春期会呈上升趋势，欺凌行为发生的频率很高。

Whitney 和 Smith（1993）的研究发现，受传统欺凌的比例随着年龄的增长而下降。Carney 和 Merrell（2001）指出，传统欺凌在 9 ~ 15 岁的儿童身上存在一个高峰期。Pellegrino（2002）发现传统身体欺凌的比例随年龄的增长而下降，但是其他形式的传统欺凌的比例却增加了，传统欺凌的高发期在 11 ~ 15 岁之间。

国外许多研究表明，网络欺凌是一个普遍的现象，网络欺凌的发生率为 4% ~ 57%（Patchin & Hinduja，2011；Raskauskas，2010）。Tokunaga（2010）总结先前的研究发现，20% ~ 40%的青春期的孩子至少经历过一次网络欺凌。7% ~ 59.2%的 11 ~ 15 岁的学生既是受网络欺凌者也是网络欺凌者（Kowalski & Limber，2007；Lacey，2007）。

在我国，宋娴（2008）对上海高中生的调查显示，13.6%的学生遭受过网络欺凌，4.1%的学生经常遭受网络欺凌。刘丽琼等（2012）对海口市 599 名中学生进行调查发现，40.2%的学生遭受过网络欺凌，27.5%的学生实施过网络欺凌。

有欺凌就有被欺凌，不管哪一方，在欺凌行为当中都不是赢家，因为欺凌和被欺凌都不是正常的交往行为，带来的都不是心理的正常发展。

青春期的孩子要了解欺凌的概念

如果青春期的孩子不知道什么是欺凌，又处于"欺凌多发期"的年龄段里，很可能在不知情的情况下就做出了欺凌行为或者被欺凌，给对方和自己造成了伤害。青春期的孩子需要学习与欺凌相关的知识，提高对欺凌的防范意识，才不会稀里糊涂地就陷入欺凌当中去。

欺凌指的是一个人或一群人故意折磨、嘲弄或取笑某个人。欺凌既可能是言语欺凌，也可能是身体欺凌，二者都会让被欺凌的人感到害怕和痛苦。欺凌也是一种恐吓，会迫使一个人离开自己完全有权停留的地方或喜欢的友谊群体。

最为常见的欺凌方式一般包括：传统欺凌和网络欺凌。

1. 传统欺凌的几种常见方式

传统欺凌是指力量较强的一方（个体或群体）对力量相对较弱的一方多次有意实施的意在造成伤害的负面行为。

身体欺凌：拳打或者脚踢他人，伤害他人的身体，窃取他人物品。

言语欺凌：辱骂或者深深伤害他人的心灵。这种欺凌行为出现的频率最高。

关系欺凌：即通过人际关系进行的心理欺凌，如散布谣言、说人坏话、社交排斥等。

2. 网络欺凌

网络欺凌指的是利用电子邮件、短信和即时通信等方式骚扰他人。网络欺凌已经成为恃强凌弱者侵犯他人隐私空间的常用方式，因为不管他人在什么地方，欺凌者都可以一周 7 天、一天 24 小时地对他人实施欺凌行为。

3. 性欺凌

性欺凌也是一种不容忽视的欺凌方式。性欺凌的内容包括性抚摸、性暗示、强迫被欺凌对象做出或承受自己不理解或不喜欢的行为。

当下性欺凌的对象不仅限于青春期女孩，男孩被骚扰的事件也屡见不鲜。性欺凌者之所以不断把魔掌伸向青春期的孩子，在于这个年龄段的孩子第二性征已经发育，容易唤醒对方的欲望，还有就是他们比成人心智单纯，防范心理不强，坏人更容易下手。

02 不要低估校园欺凌的伤害

15 岁的小陶，读初级中学八年级，在青春时光里，他选择了服剧毒农药结束生命。火化前，父母发现了儿子写的血迹斑斑的遗书，才知道孩子生前的日子过得多么艰难。

小陶的第一份遗书大致内容就是选择怎样的自杀方式会减少痛苦。第二份写给班主任老师内容是："有一次不小心踩到了同学张某某的袜子，张某某便让我买一双新的，要五元钱。张某某还说每星期涨 8 元钱，现在是 34 元钱。昨天晚上张某某打了我一顿，现在我感到头晕眼花，希望老师通知双方家长到医院检查解决，不要告诉张某某是我说的。"

第三份写给老师、父母和弟弟："你们的学生、孩子、哥哥对不住你们，我因受不了几名同学的欺凌，所以选择离你们远去了。"遗书中，小陶讲述了被同学欺凌的种种遭遇。他被要求拿饭盒、打开水、洗饭盒、倒洗脚水、洗头。而且，用热水就会被殴打，夜里被迫跳舞。这个孩子在学校里长期受到欺凌，不堪侮辱，最后选择了轻生。

这期间，小陶向老师诉说，反被骂学习不好。小陶给老师写过一封自己被同学打的信，却没有邮寄出去。小陶从寄宿学校返回家中，告诉妈妈因被同学欺凌才返回家中，被父母责骂后又被妈妈送回了学校。

导致校园欺凌行为出现的环境因素

校园欺凌事件越来越频繁地发生，人们面对孩子们遭受的伤害已然痛彻心扉，没有谁的内心不在滴血。什么原因导致了校园欺凌行为的发生呢？同学之间不是该互相帮助、一起进步的吗？怎么就互相伤害了呢？

孩子的行为受性格影响，而性格形成又受到各种环境的影响。身处以下成长环境中的孩子，更容易发生欺凌行为。

1. 家庭因素导致孩子成为欺凌者或者被欺凌者

攻击行为属于社会适应不良行为，不断发生攻击行为的孩子，可能会存在社会适应不良的性格特征。欺凌行为作为攻击行为的一种，与性格相关。从欺凌者的性格来分析，以下两类教养方式，容易培养出有欺凌行为的孩子。

孩子的成长主要受到家庭、学校、社会环境的影响。家庭环境在孩子的性格形成、品德塑造等方面起着决定性作用。在教养方式上，如果父母对孩子太过溺爱，放纵孩子的行为，那么，孩子就会比较自私、骄横、任性，冲动性和攻击性强、缺乏独立性和责任感。

还有一类孩子，长期被父母忽视，渴望得到爱和关注的心理得不到满足，这种教养方式下的孩子目中无人、自以为是、冲动性和攻击性也较强，心中无权威，自傲、自狂，这类孩子进入青春期后很容易发生不良行为问题。

从被欺凌者的性格来分析，在秉持以下两类教养方式的环境中成长起来的孩子，在校园里容易成为被欺凌者。

如果父母太过溺爱，对孩子的行为缺乏限制，那么，孩子敏感、脆弱，遇到困难容易逃避，缺乏独立性和责任感，容易与他人发生冲突。

如果父母太过专制，没有爱心也没有耐心，性格还比较懦弱，社会地位低下，他们养大的孩子容易缺乏安全感，性格上容易自卑、懦弱、依赖。

2. 校园环境也有一定的影响

如果学校的校风校纪不好，学校只重视成绩而忽视了道德教育，学校没有把素质教育落到实处，对于学生的成长不是很重视，对于学生的身心健康关注度不够，当欺凌行为发生后，不能及时发现、制止欺凌，导致一些欺凌行为持续存在。

有的老师本身就有惩罚学生的习惯，学生成绩不好或者教育效果差，一着急就对学生使用言语刺激或者动手殴打，那么，老师就成了孩子模仿的反面教材，与同学发生矛盾的时候，会出现攻击性行为。

3. 来自社会上的影响

社会文化和社会行为对青春期的孩子影响也很大。武打影片、游戏、媒介宣传中对犯罪行为的描写等充斥着暴力行为和动作，这些内容被青春期的孩子看到后，他们可能会模仿其中的行为方式去打斗。

社会上口口相传的一些不正之风，流传到青春期的孩子的耳朵里，影响了他们的是非观，让他们觉得武力震慑他人很霸气，让他人服气也是一种能力。

4. 司法因素

法律规定，14 岁以下孩子属于完全无刑事责任能力的人。打了人，不用负责，这样的法律规定很显然对于青春期的孩子的"欺凌"行为没有任何约束力。他们的道德发展水平不高，做错了事情，完全靠来自良心的谴责。

司法环境和青春期的孩子的个体道德发展水平，不利于约束他们的攻击性行为。所以，父母不可以掉以轻心，因为此时的欺凌行为虽然没有受到法律的严惩，却不利于青春期的孩子形成社会适应良好的人格特征，对良好人格的发展是个阻碍。

欺凌和被欺凌都要预防

在孩子的世界里，有着超乎成人想象的暴力和欺辱带来的伤害。不管是欺凌还是被欺凌，一旦发生了，都是生命个体成长经历中的不良行为，不利于孩子形成好的人格品质，所以，预防要远远好于纠正。

1. 给欺凌行为一个明确的界定

当孩子进入学校以后，父母就可以明确告诉孩子，故意推搡、动手打人、言语辱骂他人、口头威胁、吐口水、嘲笑他人等都是欺凌行为，要控制好自己，不要对同学实施。对于青春期的孩子，父母还要对其进行有关涉及"网络欺凌"内容的教育，避免孩子不知不觉就陷入了网络欺凌中。

而且父母对欺凌行为要零容忍，不管是观察到的，还是听来的，只要情况属实，孩子欺凌他人了，就要对其进行教育和处罚。

2. 及早入手，进行"不要欺凌"教育

挪威是世界上最先发起反校园欺凌运动的国家之一。挪威实施反欺凌干预机制后，取得了良好效果，减少了至少三到五成的欺凌事件。

挪威的反欺凌教育在于培养健全的人格。他们从孩子小学的时候起就开始对孩子进行"不欺凌"教育，一年级学生入学要唱《停，不要欺凌》。并通过各种方式促进学生间的了解，营造和谐氛围。还对一些容易忽视的隐性欺凌行为进行具体要求。比如，父母为孩子举办生日会必须邀请全班小朋友参加。如果为女孩举办主题生日会，可以不邀请男生，但女生必须全部邀请。做不到，就会被视为欺凌，家长可以向学校投诉。

3. 学校设置严肃的惩罚机制

关于欺凌行为的识别，如果老师受到相关培训，有足够重视，

发现后给予记过处罚。如果犯错后不思改正，仍然恃强凌弱，这个时候就要从校园里开除。这样的处分足够严厉，对孩子会有一定的震慑力。

德国法律就把足够多的权力给予了学校，当学生两次记过后仍不思悔改，学校可以予以开除，将其交由不良少年管教所管教。这样从源头上有效遏制了校园欺凌的蔓延。事实上，德国校园里的欺凌事件的确日益减少。

4. 管好欺凌者

当欺凌行为发生以后，欺凌者有了胜利感，觉得这个人好欺负，以后要让他更好地服从。一旦欺凌行为能够给欺凌者带来成就感，他们就会觉得欺凌很快乐，就会选取下一个欺凌目标。

所以，即使自己的孩子没有被欺凌，也要提防他是否会去欺凌别人，提前给予教育，让他明白自己的行为不是简单的同学间的玩闹、恶作剧，而是对他人的人格具有很大伤害性的不道德行为。

03 躲过别人的拳头

王宇从小就被父母教育，在外边，和小朋友一起千万不要动手打人。父母的理由很简单，打谁谁不疼啊？于是，王宇就有了打在别人身上疼在自己心间的高尚认知，他从来不跟同学动手。

班里有个淘气男生，不知怎么搞的，竟然联合其他同学向王宇挑衅了。他们先是拿走了王宇的网球，王宇没说什么。然后，他们故意给王宇使绊，害得王宇一头撞在了墙上，疼得直吸冷气。但是，王宇还是没还手。几个人大概觉得王宇痛点比较高，来几下没感觉，那就来更有力度的了。

那天，王宇在操场上跑步，几个男生制造事端，重重地把篮球摔到了王宇身上。王宇火气大了，冲上来，对着扔球的男生，狠狠地给了他几拳，然后对其他几个男生说："过来，都过来，我一起撂倒你们！""这几天你们一直没事找事，我懒得理你们，你们还得寸进尺了！记着，以后，你们冒犯一次，我打一次！"就这么一次，王宇就把那些男生制服了。

学会判断最典型的攻击行为：传统欺凌

有的时候，会有一些举动，比如，打别人一拳、无意中说出了他人的秘密、给团队里新加入的成员脸色看，这些行为似乎是不自觉地就做出来的，却是内心攻击性的表露，给他人带来了伤害，也影响了自己和他人的关系。

对于青春期的孩子来讲，所谓的心智发展有一个很重要的特点，就是认知能力有了提高，表现为他们既能知会自己也能知会他人。关于对欺凌的认识，青春期的孩子需要逐步分清正常行为和攻击性行为的区别，认识到攻击性行为对他人的伤害，严格自律，坚决不做攻击他人的行为，这样才能减少欺凌行为的发生。

传统欺凌是最典型的攻击性行为，青春期的孩子要学会界定。传统欺凌是指力量较强的一方（个体或群体）对力量相对较弱的一方多次有意实施的意在造成伤害的负面行为。心理学界习惯于把传统欺凌分成三种类型：第一类，传统身体欺凌，如打、踢、推等；第二类，传统言语欺凌，如骂人、嘲笑、取外号等；第三类，传统关系欺凌，即通过人际关系进行的心理欺凌，如散布谣言、说人坏话、社交排斥等。

在传统欺凌的范畴内，关系欺凌往往表现得很隐蔽，发生率更高。关系欺凌的不易察觉性决定了其产生的影响更加严重而持久。

Griffin 和 Gross（2004）提出传统欺凌具有五个特征，很多研究者也都同意这个观点，这五个特征分别是：

第一，故意性：欺凌者想要对被欺凌者造成伤害或恐惧；

第二，重复性：被欺凌者遭受多次欺凌；

第三，无辜性：被欺凌者没有通过言语或身体行为激起欺凌；

第四，熟悉性：欺凌大多发生在熟悉的社会团体之间；

第五，力量的不均衡性：欺凌者比被欺凌者力量更强大，这种力量的对比可能是真实的也可能是感知到的。

青春期的孩子在了解了传统欺凌的特点后，要学会快速判断一个行为是否对自己构成了欺凌，接下来要做的，就是如何对待欺凌。

拥有不被欺凌的要素，欺凌袭来，不中招

一个孩子之所以屡次被欺凌，可能在心理层面上或者行为层面上存在着被欺凌的特征。比如，性格懦弱、没有朋友、身体瘦弱

等等。青春期的孩子要想不被欺凌者盯上，需要具备抗拒欺凌的条件，具体表现为：

1. 拥有良好的社会支持系统

如果被欺凌者有足够强大的社会支持系统，面对欺凌者的无礼行为，他们会主动寻求社会支持系统的帮助，大家一起逼退欺凌者。当被欺凌者向欺凌者据理力争，和朋友一起奋起反抗后，欺凌者的气势被打压，也就退缩了。

所谓个人的"社会支持系统"，指的是个人在自己的社会关系网络中所能获得的、来自他人的物质和精神上的帮助和支援。一个完备的支持系统主要包含3股力量，分别是血缘关系、亲密关系、社会关系。对青春期孩子影响比较大的为前两种：亲人给我们物质和精神上的帮助，朋友较多承担着情感支持。

对于青春期的孩子来讲，要对抗来自外界的欺凌，亲人、朋友、同学、同事、邻里、老师等，都是可以利用的人脉。一般情况，如果在校园里，和同学关系好，有自己很铁的朋友圈，就不容易被欺凌。特别是朋友圈固定的情况下，当其中的一个人被欺凌，其余人都会出手帮忙，大家势均力敌，对方占不到便宜，当他们发现这人不好惹的时候，也就放弃了。

青春期的孩子一定要记得，当自己和同学都解决不了时，要及时向学校和父母求助，增大对抗欺凌的力量，摆脱被欺凌的地位。

2. 欺凌袭来，决不妥协

青春期的孩子要对欺凌的发生有一定的预知能力，当交往遇到挫折情境时，想办法快速远离攻击现场，当欺凌者找不到目标的时候，欺凌行为就无法发生了。

青春期的孩子要记得，遭遇欺凌的时候，一定不要怕，要明白，欺凌者就是要让被欺凌者恐惧、受伤，以达到摧毁被欺凌者的心理防线、获取他们期待的收益的目的。当被欺凌者不妥协、据理力争时，欺凌者感受不到优势，就会放弃欺凌。

如果被欺凌者采用息事宁人的态度，忍受了一次被打或者放弃了一次利益，给了对方好处，让对方尝到了甜头，那么苦日子就要来了。对方会觉得被欺凌者的忍耐是"认尿"，更加增强了他们的欺凌兴趣，使其欺凌行为更加肆无忌惮。所以，青春期的孩子要记得，被欺凌的时候，一定不要妥协，吃亏也要跟对方说清楚，让他们明白：这次，看在同学关系上，我不跟你计较。下次，就不会这么便宜你们了。

3. 积极防备第二次被欺凌，坚决抵抗

当欺凌行为发生后，如果就此打住，以后各走各的路，谁都不是谁的目标，也没什么。关键是，一次欺凌行为后，被欺凌者和欺凌者都采纳并认同了他们的身份，身处的团队也承认了他们各自的角色。受"角色"意识的影响，弱者可能要长期被欺凌。

所以，被欺凌者一定要认识到，忍耐一次没什么，但绝不向对方屈服。如果再有类似行为发生，一定全力抵抗。有了这样的思想准备，才不会在内心深处认定自己就是被欺凌者。一次被欺凌后，要提防不怀好意的同学，做好准备，当第二次欺凌来临时，要勇于打击对方气焰，让对方知道："我不是好惹的！"

04 虚拟空间里，也存在欺凌

一名 14 岁的少女，患了多年的湿疹，还被抑郁症困扰，为了得到帮助，她把自己的照片在网站上贴出来，令她无论如何也想不到的是，在接下来几个月内的回帖中，竟然充斥着"丑女""肥婆""帮帮忙去死吧"等话语，当如此恶毒的评论袭来后，少女痛苦不堪。在网络上持续的谩骂、诅咒和人身攻击下，女孩最终精神崩溃，自杀身亡。

伤害性更严重的网络欺凌

当下的时代，没有谁能够离开网络而惬意地生活在这个世界上。互联网给青春期的孩子带来了生活上的便利，还提供了更快地接受信息和社会影响的途径。信息输入之快、社会影响之强大，任何人都难以阻挡。青春期是网络欺凌的高发期。网络欺凌的危害性比传统欺凌更严重、更久远。

网络欺凌是传统欺凌的一种扩展，是指个体或者群体利用信息和通信技术，对无法进行自我保护的个体多次有意实施的意在造成伤害的负面行为。一般情况，根据网络欺凌的方式，大致分成网络言语欺凌、网络关系欺凌、网络权益欺凌三种情况。

网络言语欺凌，比较常见的是在论坛上进行辱骂、即时聊天时不断发送负面消息等；网络关系欺凌，比较常见的是利用网络散布谣言、将某人排挤出网络群体或者网络游戏中等；网络权益欺凌，比较常见的是冒用网络身份进行欺诈行为、偷看聊天记录等。无论哪种欺凌方式，对被欺凌者带来的伤害都不小。

随着网络使用的普及化，网络欺凌问题多发，青春期的孩子已成为网络欺凌的最大受害者。有关研究显示，欺凌角色在中学生群体中具有一定的比例，受网络欺凌者明显多于其他欺凌角色。2013 年，英国全国防止虐待儿童学会对全国 1024 名 11 ~ 16 岁学生的抽样调查发现，每 5 个孩子里就有一个曾经遭受网络欺凌。

由于网络欺凌的实施者的匿名性和信息传播的广泛性、即时性和难以消除性，网络欺凌的后果比传统欺凌严重得多。而且与传统欺凌相比，网络欺凌更不易被觉察。所以，往往在出现严重的后果之后，网络欺凌才会被发现。

网络欺凌因为欺凌材料具有强扩散性和难移除性以及欺凌行为不易被察觉的隐蔽性，使得欺凌行为危害严重，可以导致被欺凌者焦虑、压抑、缺乏自信、自杀的幻象，以及其他身心疾病，如头痛、睡眠障碍等，这些疾病都不利于青春期孩子的身心健康，影响学习和生活。

还有很重要的一点，就是被欺凌者要逃离欺凌是一件很难的事情。由以上几点可以看出，与传统欺凌相比，网络欺凌的伤害性更大。

如何第一时间了解到孩子发生了网络欺凌

为了减少暴力因素对青春期的孩子的影响，避免发生网络欺凌，父母需要掌握与网络欺凌相关的知识，早发现、早制止。

1. 父母要熟悉孩子的网络技能和活动区

要想在网络上实施欺凌行为，欺凌者必须会上网，而且在网上的活动能力比较强，掌握了一定程度的网络技术。父母要了解，自己孩子的网络技术怎么样，以及他在网络上经常活动的区域和方式。

最为常见的几种，无外乎：即时通信软件，如 QQ、MSN；

网络聊天室，群组；邮件；博客，微博；网络游戏；社交网站，如人人网、开心网、QQ空间；论坛，贴吧；手机，如短信、彩信、朋友圈、通话。

如果孩子在言语中表露出"欺凌他人"的蛛丝马迹，父母不妨去孩子经常活动的区域查一查，确定了，再对孩子施以教育，责令停止欺凌行为。

2. 在网络欺凌易发年龄，父母要多关注

对于处于网络欺凌易发期的孩子，父母要格外关注。有关研究显示，网络欺凌的发生率最高的阶段是在七八年级（13～15岁）。尽管在成年之后，人们也会卷入网络欺凌，但在进入青春期后期以后确实会减少。

网络欺凌因为具有一定的隐蔽性，在短时间内，欺凌者通常不会看到被欺凌者的反应，所以，他们会持续对被欺凌者实施欺凌行为，这就需要父母持续关注，才有可能发现孩子是否在欺凌他人或者被他人欺凌。

3. 女孩更要多小心

有研究显示，与传统欺凌相比，女孩可能会更容易卷入网络欺凌。家有女孩进入青春期，父母要多观察女孩的情绪变化，如果孩子有没来由的、持续的精神状态差的情况，父母就要细心查一查。

也可以通过跟孩子聊天的方式，告诉孩子，一旦被欺凌，父母一定会坚决地跟她站到一起，帮助她讨回公道，击退欺凌者。

05 即使强大，也不要惹事

正定县的某高中学生阿伟在学校里，称王称霸、经常打架，老师和学生都怕他，也恨他。某一天，该校某班 18 名男生不胜其扰，将其殴打致死。

该班 11 名学生共同集资购买了一个新篮球，大家一起玩。可是，这么一件正常的事情却惹到了阿伟。课外活动后，丢了篮球的阿伟闯进该班教室，质问该班学生小曾："刚才你们用的篮球是谁的？"小曾说："我们班的！"阿伟对这个答案不满意，开始殴打小曾，直到班主任赶来制止才停手。

当晚，阿伟再次来到该班，威胁称：他与该班每一名学生都将没完。说话之际，阿伟有意将夹在腰部的菜刀掉在地上两次。这以后，阿伟又陆续来到该班，殴打班里的学生，还试图勒索钱财。

当阿伟最后一次来到该班时，在某位同学的脸上扇了两个耳光，该同学忍无可忍地猛然上前抱住阿伟的脖子，大喊一声"打！"教室里 16 名学生手持凳子一拥而上，开始殴打阿伟，直到阿伟头部大量出血后方才住手，当晚阿伟因抢救无效死亡。

攻击行为发生的原因：挫折—攻击理论

在校园这么纯净、美好的地方，欺凌行为为什么屡次发生？欺凌事件越来越恶劣，对被欺凌者造成的伤害越来越大呢？要搞明白这个问题，先要搞清攻击行为发生的心理机制。

人的行为受心理支配，不同的心理状态下行为方式不同。每个行为背后都蕴藏着独有的心理特点。

心理学家们很早就开始研究攻击行为了，1939 年，美国耶鲁大学人类关系研究所的多拉德出版的《挫折与攻击》一书，提出挫折—攻击说。挫折—攻击理论认为：攻击总是挫折的结果，挫折总会导致某种形式的攻击，挫折和攻击行为之间存在着普遍的因果联系。

后来，心理学家贝克威茨发展了这个理论，得出了挫折—攻击假说，贝科威茨认为，挫折导致攻击是因为消极情感与攻击行为之间存在一定的关系。

那么，什么是挫折，什么是攻击呢？

挫折指任何妨碍个体获得快乐并达到预期目标的外部刺激。攻击也称侵犯。吵架、殴打、破坏物品及虐待他人或动物等行为，可以统称为攻击行为或者侵犯行为。

生活在这个世界上，每个人都会遇到挫折，不同人因为攻击性的强弱不同，处理消极情绪的能力不同，遇到挫折情境的时候，发生挫折的可能性也不一样。对于青春期的孩子而言，为了减少欺凌行为的发生，学会处理挫折情境，至关重要。

攻击性强的孩子，更要学会处理挫折情境

挫折是令人讨厌的、不愉快的体验，由这种挫折产生的消极情感（比如愤怒）确实能够引起最初的攻击的倾向和准备性，但会不会产生外在的攻击行为，取决于对攻击线索的认知等一系列因素。当一个人遇到挫折，产生了不愉快的体验，这个时候，及时疏导内心的情绪情感，看清挫折的实质，让内心恢复平静，就可以避免发生攻击性行为。

1. 远离攻击线索

1990 年，心理学家卡尔森对攻击行为所做的元分析表明，与攻击有关的线索，不仅可以引发攻击，而且能够使已经愤怒的人更加愤怒，从而大大增加攻击性。

什么是与攻击有关的线索呢？在青春期的孩子相处的过程中，被人误解、群体对殴的场面、他人的挑衅、被侮辱、被勒索的话语、被欺负等等，都是重要的与攻击有关的线索，都可能引爆一个人的攻击性。

青春期的孩子感受到自己的怒气上升时，要及时远离攻击情境，切断攻击线索，让自己的内心平静下来，这样就可以避免攻击行为的发生。

2. 提防"武器效应"：身上不要带任何武器

有的青春期的孩子喜欢上了影视剧中的某个酷角色，学他们的行头来装扮，喜欢随身带把刀、短棍、链条环什么的。如果孩子有这样的喜好，父母一定要改变，青春期的孩子身上带着这些物品，提高了攻击行为发生的可能性，很危险。

心理学家贝克威茨说："枪不仅容许暴力，而且也能激发暴力。手指勾动着扳机，但扳机也可以牵引着手指去勾动它。"对于青春期的孩子来讲，在他们不需要器械来自我保护的情况下，身上所带的器械只会增加给别人带来痛苦的机会。别人痛苦的同时，自己也很痛苦。

孩子不懂得器械对攻击行为的推动作用，父母有责任把这个道理讲给孩子听，改变他们"想当然的认为，拿把刀，做做样子，装装酷"的想法，让他们认识到这么做的危险性。毕竟伤害了谁，都是一生都改变不了的遗憾。

3. 男孩更要远离武器

心理学家柯兰·史密斯等人在研究中发现，男性被试面对武器线索时，睾丸激素的分泌会增加，随之表现出更多的攻击行为。

父母严禁男孩带武器是一件减少攻击行为、提高安全系数的明智之举。当下，父母检查孩子的书包或者房间已经被视为对孩子私人空间的侵犯，在这样的背景下，父母既然不能明着查孩子的物品，就要默默地观察。

在父母还没有表露出对于"武器"的反对的时候，孩子一般不会避开父母，父母完全有机会去观察孩子。只要父母足够细心，完全可以寻找到孩子携带武器的蛛丝马迹。当父母发现了孩子的武器时，晓之以理动之以情，严肃禁止，孩子一般能接受。

06 不注意，就会"祸从口出"

张磊和王文斌的关系特别好，用同学们的话说，是一对"好基友"。可以说，谁有了好处都不会落下另一个人。

那天，张磊值日，在外边玩嗨了，忘记了擦黑板，王文斌在教室里写作业，抬头看到黑板没擦，此时很快就要上课了，等张磊回来就来不及了，他起身去洗抹布，想着替张磊把黑板擦了。

洗抹布的时候，他不小心把水弄到了班里一位同学的身上，那位同学说："你在这里瞎忙什么呢？把水洒我身上来了！"王文斌说："洗抹布，擦黑板！"那位同学急了："不是你值日吧？积极什么啊？没看我穿件新衣服啊？"

正说着，张磊来了，接上话茬，说："你不瞎忙，东游西晃的！躲开，别影响我们值日！"那位同学生气了，一把抓过抹布摔到张磊脸上。王文斌看到好朋友吃亏了，直接把水盆扣到了那位同学头上，幸亏同学们及时拉开，不然就得扭打到一起了。

老师赶来，详细了解了情况后，说："你们三个都该学学好好说话！晚上回去，每人写一份检查，谈谈同学之间如何好好沟通。"

不可被忽视的"语言欺凌"

中国应急管理学会校园安全专业委员会在"社会风险与校园治理"高端论坛上发布了《中国校园欺凌调查报告》，报告指出，语言欺凌是校园欺凌的主要形式之一。

当人们习惯于把欺凌与暴力行为联系起来后，未免会带偏一些人的认识，使得一大部分正在遭受语言欺凌的孩子深陷痛苦当中却得不到关注。当青春期的孩子持续遭受"语言暴力"的时候，内心感受到的伤害促使他们不断加强自我防御心理，在与人交往的时候，把自己包裹起来，不敢跟人交流或者交流的时候不愿意自我暴露。青春期本是热衷于交往的时期，青春期的孩子如此压抑自我不但影响人际交往，逐渐地，会因为缺少交往经验而变得自我封闭。

每个青春期的孩子都好好说话，大家才能生活在一个自由沟通的环境里。为了避免语言伤害，大家需要搞懂语言欺凌是怎么回事。

1. 语言欺凌是身体欺凌的苗头

大多时候，语言欺凌与身体欺凌相生相伴、互相助长。当被欺凌者不断地遭受语言欺凌而未得到有效保护、未进行有效反击时，欺凌者觉得对方好欺负，往往会得寸进尺，就会加强语言欺凌的强度或者开始进行身体欺凌。

2. 语言欺凌是身体欺凌的升级

很多时候，当一名欺凌者对被欺凌者施以拳打脚踢的时候，不自觉地就说了伤害对方人格的话，"看见你我就生气，看见你我就想打你！""你还敢动手！""从今以后给我老实点！"当身体欺凌演变成双重欺凌的时候，对被欺凌者的打击和伤害悄然升级了。有的懦弱的孩子，认定了对方的说法，觉得自己就该被欺负，会陷入被欺凌的身份里不能自拔。

3. 常见的语言欺凌的方式

青春期的孩子有必要了解常见的语言欺凌的方式，以便于纠正他人、监督自己。常见的语言欺凌的形式有：谩骂、诋毁、蔑视、嘲笑、歧视、指桑骂槐、故意使唤、散布谣言等，这样的话语明显带有攻击性，说者不友好，听者不开心。

语言欺凌虽然没有带来身体的疼痛，但却伤及听者情绪，使其处于惊恐、担心、焦虑等负性情绪中，影响正常的学习和生活。

讲究语言美，不说伤害性的话

俗话说，恶语伤人六月寒。遇到说话不好听的人，人们常采用的方法就是躲开，不跟他说话。青春期的孩子成长的主动社会动因是伙伴，没有好伙伴，日子会过得孤单、落寞。所以，青春期的孩子要学会好好说话。

1. 和同伴相处，不爆粗口

青春期的孩子要管住自己的嘴巴。同伴之间，即使发生意见分歧，也要和言细语，避免爆粗口。受身体内分泌的影响，青春期的男孩子的雄性激素处于高水平状态，控制性强，遇到刺激，情绪容易冲动，这个时候，要控制自己，有话好好说，避免爆粗口。爆粗口很容易引发事端。

还有一点，青春期的孩子要认识到，即使是特别亲密的朋友，也要保持语言的文明、礼貌，甚至开玩笑都不要说粗话，以避免彼此误会。有时，不小心对朋友说出了不礼貌的话，来句"对不起，说错了"，对方也就原谅了。

2. 用沟通协商的方式解决问题

同伴间的接触很多，事情很细，也很杂碎，难免不发生分歧。青春期的孩子要记得，发生分歧以后，要心怀和谐，用沟通和协商的方式来解决，是对他人的尊重，当对方感受到了真诚和被尊重，就能够敞开心扉，寻求双方诉求的一致性。

3. 有选择性地使用网络"流行语"

青春期的孩子很喜欢讲那些在网络或者影视剧里出现然后逐渐被孵化成为高频词的大众流行语。这些语言鲜活、生动、有趣，说出来，有一种跟着时代走的感觉，正符合青春期的孩子喜欢猎奇和展现个性的特点。

但是有一点，青春期的孩子要记得，那些传播不健康文化、粗鲁野蛮的话语，一定不学、不说。有时，青春期的孩子无意中学了、说了，父母要提示一下孩子，心平气和地点到为止，不用黑脸，更不要斥责孩子讲话不文明、没礼貌。一般情况，父母提出来，他们自己就能改正。

07 重视青春期孩子的自尊心

有个男孩，因为一句话惹恼了班里的"大人物"，被告诫，要给他点颜色看看。男孩很害怕，一下午的时间都在思索怎么办，导致没能专心听课，男孩觉得损失很大。

以后的日子，不断有蹊跷的事情发生。他去写字，发现碳素笔没油了；用圆规的时候，发现圆规瘸腿了；好好的笔记本，突然就缺了一页。男孩当然清楚，这是怎么回事。接下来的几天，他不敢离开座位，生怕自己的什么物品又被毁坏，连去一趟卫生间都趁着"大人物"不在教室的时候，快去快回。每天的日子过得都很忐忑。

男孩变得不再开心，郁郁寡欢。妈妈问他发生什么事情了，他以学习累的理由搪塞过去了。

男孩想要尽快改变这种糟糕的局面，他不停地想办法。他不想向"大人物"屈服，受制于人不等于失去自由了吗？他想要自由自在地生活。他决定向"大人物"挑战。

在校园里，他不再小心翼翼，破坏者的破坏行为更加频繁，这等于给了破坏者机会，但是，他不动声色地把每一次"破坏"都用手机拍下来，直到他拍到了"大人物""作案"的画面后，他把所有的照片发过去了，告诉他："我们是同学，我尊重你，愿意与你和平相处，希望你不要伤害我，否则，我就不客气了！"

后来，男孩的物品再也没有无故被破坏过。

对抗欺凌的力量，来自于强大的自尊

同为青春期的孩子，花季的年龄，为什么有的孩子能够与人友好相处，有的孩子反反复复欺凌他人，有的孩子甘愿被欺凌？其

中，涉及一个很关键的词语——自尊。

社会心理学家给自尊下的定义是这样的：个体对自我概念的评价，是对感知到的自己拥有的品质的评价，其实质是个体是否喜欢所认识的这个自己。

社会学家荷威特在《自我与社会》一书中指出，自尊总是通过某种情绪表现出来的，其中最重要的便是荣誉感和羞耻心。一个人有了自尊，自我价值感强，才能自由、自在、自信地生活在这个世界上，不去做无道德和伤及他人的事情。

对于青春期的孩子来讲，影响自尊的几个方面主要包括：学习能力、社会接纳、运动能力、身体外貌、行为举止等。青春期的孩子越是对自己有积极的评价，越有自尊。有自尊才不能容忍别人对自己身心的侵犯。

举个例子：即使一个人个子不高、身材不好、五官不协调，但他不觉得自己丑陋，热衷于健身，不断提高穿衣品质，尽力让自己的形象更美好，那么，这样的人不会因为长相而降低自尊心。

再举个例子，当一位同学被其他同学欺负的时候，他想到，你凭什么欺负我？我又没有伤害到你？然后就去质问对方，告诫对方，你伤害了我，请你停止伤害，否则，我就告诉老师或者报警。这样的人，竭力维护自己的安全，有自尊。

还有一个例子，当一个人无意中伤害了别人，他觉得这么做很影响自己的形象，大方地找到对方，跟人道歉。这也是对自己的尊重，这份尊重体现在了对他人的尊重行为中。

自尊是对自己行为的一种自我定位，让一个人懂得生活在这个世界上要有所敬畏，有所为有所不为。一个拥有自尊的孩子，会不断地自我反省，做错了事情要敢于承担，及时纠正。对于青春期的孩子来讲，在与同学交往中，做出了欺凌行为，一旦觉察到了，要及时停手、改过，向人道歉。被人欺凌了，不要屈服，要有智慧地反抗，彻底摆脱欺凌。

在同龄人中，做个有尊严的个体

青春期的孩子正处于自尊形成和发展的关键期，自尊心很强，这个时候，父母怎么做才能更好地保护孩子的尊严呢？

1. 尊重孩子的个性特点：看不惯，也要接受

每个人都有尊重需要，青春期的孩子也不例外。父母越是尊重孩子，给他足够的空间，他们越能拥有自由思考、独立判断、理性抉择的能力，就越能自重和自爱。

著名心理学家魏运华在《自尊的心理发展与教育》一书中指出，不论男女老少，外表都是重要的自尊资源，外表吸引力对个体自尊的发展能够产生巨大的影响作用。

青春期的孩子喜欢张扬个性，表现在穿衣打扮上就是追求时髦，在父母眼里他们很臭美，这个时候，父母不要限制孩子，他们希望自己有良好的外表和丰富的内在来提升自信。这是一种成长，在成长过程中需要获得父母的支持。

2. 对孩子，不流露出嫌弃

一名女孩，父母很忙，她从五六年级就开始去同学家写作业，同学家有网络，两个女孩写完作业就玩网络游戏。同学的爸爸趁机对女孩动手动脚。这种状况持续了一年多，在一次与妈妈聊天的时候，女孩无意中说了出来。

妈妈问她，发生了这么大的事情，为什么不和父母说？女孩说，怕挨打！女孩话没说完，爸爸的巴掌就拍过去了。爸爸觉得女儿又做错了，该惩罚。

有的父母喜欢说："看人家谁谁谁，多厉害，你怎么就不行

呢？""你能不能有点精神，别跟你爸似的，窝窝囊囊的。""起来起来，你干不好啊！""不就是个学习吗，怎么就记不住呢？"这样的话语，在刺伤了孩子自尊心的同时，也拉远了亲子之间的亲密关系。孩子感受到父母恨铁不成钢的愤怒，在外边被欺负的时候，想向父母寻求帮助，因担心被父母嫌弃，而不敢提出来。

任何时候，父母都不要嫌弃孩子。父母发现孩子哪里不够好，需要提高，直接帮助孩子改正，才是正确的教育方法。指责或者奚落的语言，不但不能促进孩子改变，还会使得孩子变得自卑。

3. 不盲目与"高手"比较

这个世界不乏人才，永远呈现一种"人外有人，天外有天"的斑斓景象。青春期的孩子在学习、运动、音乐等方面不乏竞争对手，面对"高手"，不羡慕不嫉妒，不拿自己的弱项与人比较，而是总能看到自己的优势，这样，才能快快乐乐地保持进步状态，而不盲目自卑。

有的时候，盲目地和别人比较，容易使得自己变得狭隘，也让对方不舒服，"结仇"之后，可能会引发矛盾。和同龄人在一起，关系不和谐，常常被孤立，就会成为被欺凌的对象。

4. 不做傻大胆，及时和父母沟通

青春期的孩子有很强的独立需要，他们觉得自己已经是大人了，自己的事情要自己面对。这样的心理特点能促进青春期孩子的成长，同时也带来了一定的负面影响，掩盖了他们不成熟的一面。当他们觉得一切的事情都能自己面对的时候，就不愿意向父母求助。事实上，一些较难的问题，他们还不具备完美解决的能力。

就拿被同学欺凌这件事情来讲，他们可能认识不到问题的严重性，欺凌者的狠毒给自己带来的伤害有多大，容易"轻敌"。

08 多做换位思考

李凯是班里的小个子，性格温和，很多同学不把他放在眼里，喜欢欺负他。

那天，李凯上学来，穿了一件特别好看的风衣，大家眼睛都亮了。要不是在教室，估计有的同学都得让他脱下来，自己试穿一下。有的同学小声嘀咕："唉，这不是糟蹋世界名牌吗？"

中午，在宿舍里，李凯脱了衣服，挂在衣服架子上，就出去了。

等他办完事情回来，想穿衣服去上课，却找不见了。上铺下铺，窗户前，门后边，整个宿舍找了个遍，也找不到。上课时间到了，他不得不穿着衬衣去了教室。

大冷天，李凯只穿着衬衣，冷得直哆嗦。一进教室，老师忍不住说："你怎么穿这么少？"不明真相的同学们忍不住哈哈大笑！在老师的追问下，李凯才说出了实情。

班里几名恶作剧的男生，不得不把衣服拿出来了。老师说："我觉得咱们班的一些男生可能对冷的感受不是特别清楚，我建议，把李凯衣服藏起来的同学，待会儿，脱掉衣服，去校园里走一圈，感受一下外边的温度！这样，以后就不会在大冷天里把别人衣服藏起来了！"

几名男生听了，都低下了头。

换位思考能力强，可以减少欺凌行为

孩子进入青春期后，由于他们具有容易冲动、彰显自我、理性不足、喜欢恶作剧等个性特点，导致了校园欺凌行为呈现上升趋势。对于青春期的孩子来讲，不管是欺凌别人还是被别人欺凌，从

成长的角度来讲都不是好事情，不利于团结友爱，毁掉了校园风气，让个别的孩子陷入痛苦当中去。

所以，如何让孩子远离〝欺凌〞、减少〝欺凌〞行为，是一件特别有意义的事情。

欺凌是一种反社会行为，是不道德行为，从孩子自身成长、家庭和睦、社会和谐来讲，都是不被赞许的。如何减少、杜绝孩子的欺凌行为，是一个大课题，从孩子自身来讲，多做换位思考，设身处地体谅他人的感受，这有利于增加孩子的亲社会行为。如果增加孩子做出亲社会行为的机会，孩子的道德水平提升，面对不道德行为的时候，就会三思而后行或直接拒绝。

心理学家徐凯文研究显示，高共情水平能增加亲社会积极行为，减少并防止反社会行为。这是因为具有高共情能力的青春期的孩子能够体验到被攻击、被欺负的人的伤心、痛苦等负面情绪，会不自觉地抑制攻击行为。

日常生活中，如果青春期的孩子多做换位思考，那么，他们理解和分享他人情感并对他人的处境、经历做出反应的能力就比较强，他们就愿意做出亲社会行为。亲社会行为指对行为者本身并无明显好处，而给行为的指向对象带来利益的一类行为。亲社会行为囊括了一切积极的、有社会责任感的行为。

有研究显示，高共情者比低共情者有更好的情绪调节能力，对生活有更高的满意度。同龄人在一起，具有较高共情水平的孩子，由于对自己、他人满意度高，不良情绪就少，遇到刺激，能够适时调节情绪，避免做出冲动行为。

从换位思考开始，培养青春期的孩子的同理心

共情是这样的一个过程，个体首先通过观察他人的表情，对

其情绪线索尽心辨识，推断他人的心理状态，最后做出与他人相一致的情绪情感反应。如果孩子的共情能力提高了，那么，他们就会做出更多的亲社会行为，而不会去欺凌他人。

1. 识别他人的情绪

青春期的孩子在与他人相处或者发生矛盾的时候，尽可能地站到对方立场思考问题，细心体验对方的处境，猜想对方的想法、可能做出的行为，避免做出激怒对方、让对方不满意的行为。

换位思考的能力是锻炼出来的，青春期的孩子在与人相处的过程中，可以有意识地锻炼自己识别他人情绪的能力，透过情绪去体察对方的心理活动，特别是在他人不高兴的时候，更要细心观察，耐心揣摩，然后做一下换位思考，定能激发同情心。

2. 多做角色互换

不同的孩子生长在不同的家庭，不同家庭环境成就了孩子不同的思维模式和情绪感知能力。生长在双亲家庭的孩子，要想体会单亲孩子的心理，可以试着走进对方的生活，有了真切的感受，更能理解对方的行为，相处起来更容易。

和同学在一起的时候，面对对方的行为方式，理解不了的时候，可以做一下角色互换，把自己放在对方的角度去考虑，或许能理解对方的表现。

举个简单例子，你想朋友陪你去打球，朋友正在写作业，拒绝了你，你不高兴。换位思考一下，如果你正在专心做某事，有人过来让你陪他去玩，你愿意吗？

这么一换位，理解起对方的行为就容易了。

3. 养成以积极的方式解决问题的习惯

在某些社会情境中，攻击行为不只是一种情绪反应，而是一种为了达到某种目的的手段。如果青春期的孩子养成了以积极的方式解决问题的习惯，那么，面对复杂的局面，他们就能沉得住气，不靠蛮力而是靠理性来解决纠纷。

9

父母转型，做孩子的益友和顾问

虽然父母仍然是青春期的孩子的引路人，但是如果父母还像小的时候那样替孩子安排、帮孩子选择、领着孩子去做事，他们一定会抗议：甩掉父母的胳膊、离开父母的怀抱，甚至会走出父母的视线。这样的情况下，父母还怎么为孩子引路呢？做孩子的益友和顾问，只帮助、不干涉，孩子感受到自主，才会接受父母的引导和建议。

01 父母必须清楚：亲子关系是一场怎样的分离

亮亮是独生子，一家人对他寄予厚望，希望他成为最好的自己。可是，奶奶却不那么认为。奶奶对妈妈说："别让他考大学，他翅膀硬了，飞到大城市去，或者出国了，你们辛辛苦苦培养的，他不回来了，而你们却老了，见不到人了，怎么办？再说，现在咱们这里也不错，有高楼、有城铁、有汽车！日子过得多美啊！"

妈妈说："您想多了，做父母的哪有不希望孩子将来过上他想要的生活的？孩子有自己的理想，我们只要用心养育就好了！我相信，一个好孩子，无论将来去哪里发展，心里都会牵挂着父母，不会丢下父母不管，也会惦记着奶奶，回来看您的。如果他真的丢下家人不管，我也认了，错在我这里，是我的教育有问题，没能教育出好孩子来。他现在是青春期，喜欢和朋友在一起，当然跟父母在一起的时间就少了。这种情况是暂时的，您别急。"

哎！奶奶叹气！她可能无法理解"青春期"是什么概念，还可能觉得儿媳的教养观念不靠谱。

最好的教养：父母才是孩子心中的宝

青春期的孩子在行为上对自主性和独立性的需要越来越强，导致他们与父母关系的亲密性下降，即使父母为他们着想他们也不领情，在有的家庭里，父母想要跟孩子说句话似乎都成了奢侈的事。这样的变化，对父母的冲击很大。心理脆弱一些的父母甚至会觉得"养儿防老"成了痴心妄想。

事情真的会朝着父母糟糕的方向发展吗？

"养儿防老"的传统教养观念即使到今天也没有问题，孩子是父母生命的延续，是未来家庭的顶梁柱，当父母老去后，孩子理应给予必要的照顾。所以说，子女的赡养责任是天赐的，符合自然规律，任何时候都逃不掉。所以，会有一些父母担心孩子走远了，赡养起父母来有困难。

随着社会的发展，人们的教育观、学习观、成才观在悄然发生改变，父母子女之间早已突破了"父母在，不远行"的传统限定，想要去更加广阔的空间实现自己的人生梦想。于是，一些父母担心，孩子走远了，把自己丢下不管，怎么办？虽然父母不奢望孩子每天守在膝下，但也期待着需要见面的时候就能够见到孩子。逢年过节、父母想子孙了，能够和大家视频一下，或者下辈人回来团聚一下。

这样的简单愿望，能实现吗？有的父母心里会打鼓。其实，只要父母在教育子女上足够用心，采用科学的教育方法来养育，那么，没有哪个孩子会丢下父母不管的。

从做父母的那一天起父母就该明白，所谓父母子女一生的缘分，是一场渐行渐远的分离，但是情感上的连接是永远无法割舍。子女在为未来做选择的时候，要兼顾父母，但不应该以父母为轴心。亲子关系上的缠结或者疏离，都是不当教养方式的后果。

孩子刚出生，父母尤其是妈妈几乎把全部精力都放在养育孩子这件事情上。随着孩子不断长大，孩子的自理能力逐步提高，父母放手的地方变多，这个过程与孩子对父母依赖性的变化一致。孩子对父母的依赖性变小的过程也是孩子和父母逐步走向分离的过程，他们要越来越多地依赖自己，直到有一天，他们离开父母，成立自己的家庭，便开始回报父母的养育之恩了。

亲子关系的缘起在于血缘关系，父母子女分离之后彼此依然是对方心目中最重要、最惦念的人，除了这份天然的血缘关系，还在于养育过程中形成的情感纽带、孩子的健全人格。一个人格健全、和父母有良好亲子关系的孩子，不管将来有多么忙碌，当父母老了，需要照顾的时候，都会把赡养父母这件事放在第一位。而且，不管他们将来有多大的成就，都愿意听取父母的忠告和教诲，在他们看来，父母是在这个世界上对自己最好的人。

开开心心地迎接分离

著名作家麦家说："青春期就是一个危险，可以上天也可以入地，可以是一把刀也可以是一朵鲜花。我们作为长辈，只有一种选择，帮助他变成一朵花，抹平坚韧的地方，帮助他度过最摇摆不定、像定时炸弹一样的这样一个阶段。"

当父母努力帮助孩子渡过青春期这个危险的成长阶段的时候，无论父母怎么做，无论父母做了什么，父母心中想到的只是帮助孩子成长，让孩子成长得更好，让他们有能力迎接美好的未来，那么，父母就不会担心未来，就能开开心心地迎接分离。

1. 青春期，仍要尽好养育责任

真正有责任感的父母能够深刻理解自己把孩子养大成人，既要关注孩子身体方面的健康成长，也要关注孩子心理的发展，以及社会化水平的提高，更重要的是帮助孩子将三方面整合，使孩子身心健康和谐发展。

孩子的成长很重要，父母心里装着这件事儿，自然不会考虑孩子长大后飞走了，自己怎么办。这样的父母给予孩子的是无条件的爱，无条件地关注孩子的情绪和背后没被满足的需求，努力地去信任、尊重、接纳、理解孩子。父母努力培养孩子健全的人格，使其热爱自己、热爱生命、热爱他人，具备掌控自己生活的能力。这样的孩子，自然懂得孝顺，不会不赡养父母。

2. 父母不断努力，成为更好的自己

孩子小的时候，父母对孩子的影响很大。不妨想象一下，当孩子小的时候，父母出了事情，最难受的是谁？当然是孩子。父母不够优秀，影响最大的是谁？还是孩子。父母不够健康，最影响谁的生活？当然还是孩子。

孩子在父母身边，无时无刻不受到父母的影响。孩子年龄越小，父母对其影响力越强。父母勤奋、努力、有爱心、待人和气，孩子就会以此作为自己的行为标准，在不断地学习、内化后，便拥有了这些优良品质。父母积极、向上，充满正能量，孩子阳光、快乐，乐于学习；父母懒散、不学无术，得过且过，孩子也不会积极进取。父母关爱孩子，孩子尊敬父母；父母对孩子不管不问，孩子对父母又恨又怕。如果说教养是因，孩子就是果，种下什么因，就收什么果。

要想在孩子长大远离父母后，依然把父母放在心中最为重要的位置，从孩子出生那一刻起，就努力成为好父母吧！

3. 相信爱的回报是更多的爱

如今人们越来越重视家庭教育，每位父母都尽可能多地给予孩子爱和关注，一个浸润在爱的蜜罐里长大的孩子，身体的每个毛孔都流淌着爱。他们享受到了无私的爱，自然懂爱，会爱，拥有爱他人的能力和资本。

父母爱孩子，孩子回报父母的一定是爱。但是，父母要懂得如何正确地爱孩子。爱不是无条件满足孩子的一切欲望，而是合理地满足孩子的需要。

02 父母做顾问：孩子才能感觉是"自己人"

陈岩犯错误了，逃课半天，这对于一名优等生来讲，可不是小事，因为马上要期中考试，父母、老师对他寄予厚望，可是，这样的散漫态度，怎么能考出好成绩？老师问他为什么不来上课，而且不请假，陈岩说不出理由，老师大为恼火。

老师把妈妈请到了学校，向妈妈反映了情况。

妈妈对陈岩一向严格要求，逃课这样的事情是绝对不允许他做的。妈妈来到学校的时候，老师和陈岩正杠着呢，妈妈猜儿子可能有难言之隐，在这里不好谈，就对老师说："您先不要着急，我回家问问到底是怎么回事，然后给您答复！请相信我，我不会包庇孩子的。您先休息会儿，先让陈岩去上课吧！"老师同意了。

妈妈的态度让陈岩颇感意外，竟然没教训自己。晚上，陈岩主动跟妈妈坦白了是怎么回事，原来，邻班几名男生在上学路上发生误会，推推搡搡间，无意中把一名同学的胳膊弄伤了，去医院包扎时发现所带的钱不够，给陈岩打电话，正好陈岩身上带了钱，就去送钱了，忙忙碌碌间就忘了请假了。这样的事情不适合跟老师说，说出来被追问，本来没事儿可能搞出事儿，几个人最后商量，关于事情的经过，谁也不说。

妈妈觉得陈岩做的也没什么不妥。反倒是陈岩问妈妈："妈妈，你怎么就那么信任我呢？我们班好多同学的妈妈都觉得青春期的孩子不靠谱，对他们看得可紧了，您就没猜测我去做了什么坏事？"妈妈说："我当然也担心，但是没确定之前，我得站在我儿子这边！"

父母和孩子站到一起，更利于孩子进步

因为青春期的孩子不够成熟，考虑问题欠妥当，控制自己情绪的能力不强，所以，会犯错误，会处事不当，也会招来麻烦。这个时候，父母怎么做？父母一定要和孩子站到一起，当然，这里的和孩子站到一起不是让父母包庇、袒护、纵容孩子，而是要和孩子一起面对问题。

父母和孩子一起面对问题，想孩子所想，一切从利于孩子成长的角度去考虑，孩子才能感受到父母的高明，愿意服从父母的安排。为什么这么说呢？

1. 坚守教育中的"爱与限制"

青春期的孩子的生活里，需要有足够强大的人包容他们内心分散的各个部分，这里的包容包括无条件爱他们的不成熟，等待他们走向成熟，而又要限制他们不利于成长的行为，而且还要和他们保持良好的关系。这种体验将使青春期的孩子渐渐成熟而能正确认识自己。父母爱孩子，为了孩子的成长愿意付出努力，但是，决不允许孩子做出伤害成长的事情。父母是非分明、态度明朗，孩子从中受益，潜移默化间，孩子便认同了父母的行为，并将其内化为自己的行为准则。亲子价值观一致，孩子能理解父母的行为，当然会自觉地和父母站到一起。

举个简单的例子：父母都不吸烟，而且明确告诫孩子，不要吸烟，吸烟有害健康。并很郑重地告诉孩子，烟草中的尼古丁、焦油等物质会严重损坏一个人的呼吸道黏膜，导致人体对来自外界的细菌、病毒或者有害刺激的免疫力下降，引发肺炎。青春期的孩子呼吸道脆弱，吸烟后，对肺部的伤害更大。除此之外青春期的孩子吸烟还容易出现脊柱问题。父母不吸烟，还把吸烟的危害告诉了孩子，孩子就会从内心对烟草有戒备心理，当被同学劝吸烟时，就能

够果断拒绝了。

身教加上言教，不打不骂，细细诉说，有理有据，孩子愿意接受，不会反抗。

2. 接受孩子的情感依赖，不等于包庇、袒护

即使青春期的孩子个子已经和成人一般高，但是在内心深处他们还是很依赖父母，特别是当自己能力不及的时候，更渴望父母的支持和帮助。父母接受孩子的情感依赖，但不等于包庇、袒护孩子，孩子的事情还要自己做，孩子的责任还要自己承担，只不过他们不知道怎么办的时候，父母给他们指出正确的做法，让孩子有勇气和力量面对问题，承担责任。

有个孩子曾经这样描述他闯祸后的心情，他说："我骑着自行车耍酷，双手离开了车把，双脚用力蹬，感觉好刺激啊！正当我忘乎所以的时候，我撞倒了一名女孩。我知道自己闯祸了，心怦怦地跳，不仅担心女孩的伤情，还害怕父母的责骂。可是，妈妈来了以后，一直拉着我的手给对方赔不是，及时带女孩去医院检查，在路上也是拉着我的手，那一刻，我感觉特别温暖，我发誓，以后一定管好自己，不给父母惹事。"

孩子犯错误的时候，他们更依赖父母，父母满足孩子的依赖需要，更利于他们对错误进行反省。

赢得孩子的信任是前提

信任是亲子关系的基础，是一切教育行为得以进行的保证。即使在孩子小的时候，父母也要和孩子建立起了良好的信任关系。如果孩子步入青春期后，父母不断地失言失信、三番五次伤孩子的心，会让亲子之间信任的大厦土崩瓦解。所以，即使孩子已经步入青春期，父母仍然要努力赢得孩子的信任。

1. 父母要自律：讲诚信

父母言行一致，用一样的标准和态度对待自己和对待孩子。这样，当父母为孩子设定行为标准的时候，孩子感受到了被尊重，才能坦然接受，才不会觉得"受苦的是自己"，"自在的是父母"。

父母除了在孩子面前要言行一致外，还要以身作则。父母要孩子讲诚信，自己先要说话算数；父母要想孩子不沉迷游戏、爱阅读，自己先要开卷有益。在孩子面前，以身作则远胜于强调千遍。

2. 面对状况，先听听孩子怎么说

父母给孩子说话的权利，能让孩子感受到被尊重、被信任。即使状况摆在眼前，一目了然，父母也要先听听孩子怎么说。听孩子说，一方面体现了父母对孩子的信任，避免主观猜测后误解、冤枉孩子，另一方面能够了解到孩子的情绪和态度。孩子诉说的过程，也是整理心情，建立对事情的客观认识的过程，有利于他们发现问题。

有的时候，孩子不愿意开口，父母也不要勉强，要理解孩子当下的心情，尽可能地表达同情与关爱之意，在此基础上等待孩子开口。在孩子讲述的过程中，即使有很愚蠢的做法，父母也不要斥责，否则会堵住孩子的嘴。父母和孩子站在一起，为的是解决问题，解决问题的前提是搞清问题，而搞清问题的重要方式就是听孩子怎么说。

3. 寻找行为背后的积极因素

如果父母愿意寻找孩子行为背后的积极因素，孩子感受到父母对自己的认可和信任，他们会觉得在父母眼里自己不是坏孩子，是个有价值的人。那么，在成长过程中，他们拥有好的感觉，就不会心灰意冷、自暴自弃，而愿意听从父母的引导，有则改之，无则加勉。

03 在许多问题上，孩子需要父母的指导

暑假，郭倩要去旅游，她把想法跟妈妈一说，妈妈的问题就来了。"和谁去啊？""去哪里啊？""去几天啊？""选的哪家旅行社？"……郭倩跟妈妈说："妈妈，我知道怎么做，您别操心了！本来嘛！不就是跟同学出去玩一趟吗？而且是去距离最近的城市、还跟团，两天就回来，您至于连睡觉的时候锁好门这样的事情都重复八遍吗？"可是妈妈一下就火了："是是，你长大了，翅膀硬了，不需要妈妈了！"然后，就回自己房间了。

妈妈每次都这样说话，味道酸酸的，一种被遗弃的感觉。郭倩感觉特别不舒服，她拉着行李推门而出。走到外边，忍不住就流眼泪了。妈妈怎么就不能成长一些呢？自己已经长大了，她还拿自己当小孩子！明明告诉她了，自己能搞定，她还不停地啰唆，难道她听不懂吗？

最可气的是，真的有事情和她商量，她倒拿不出主意了。上次报补习班，很多同学报了，郭倩不想报，觉得自己成绩很不错，要想再提高，自己努力一下就好了，还不如拿这些钱多买一些书看呢。郭倩跟妈妈商量，妈妈来一句："你自己决定吧！"害得郭倩只得给远在异地的爸爸打电话！

有时，郭倩也想，是不是自己的态度，让妈妈生气了？妈妈提出意见的时候，自己不听，自己想听的时候她就不说了呗！可是，哪有妈妈跟孩子较劲的啊！真不知道是妈妈奇葩还是自己太个性！

孩子很怕父母放任不管的态度

青春期的孩子并没有长大，不管他们是否自知，这样的事实

都体现在了他们的行为当中。

当遇到一些事情，他们不知道怎么办好时，内心特别渴望父母的帮助。可是，当父母主动伸出援助之手，要帮助他们了，他们又不耐烦了。他们明明渴望父母的指导，却表现出一副不在乎的样子。为什么呢？

青春期的孩子外形上的巨大变化给他们带来了成人感，站到父母面前，身高超过父母一头，于是，他们会觉得自己不是小孩子了，是大人，能处理好多事情。当父母像以前那样管教他们的时候，他们会觉得父母把他们当小孩了，这种被"看低"的感觉很让他们不舒服，于是，他们就跟父母做对。当青春期的孩子反抗过后，父母依然不理解他们的心思，仍旧以旧有的方式和他们相处，他们就会叛逆，故意和父母做对。

在大人眼里，孩子能做饭、能洗衣服，还能帮助父母处理一些有难度的事情，的确是长大了。这无形中也带给了父母一些错觉，觉得孩子长大了，可以自己做主了，父母可以省心了。当父母真的对孩子放手后，孩子还是和父母较劲，觉得父母不够关心自己，才导致了自己做出错误的行为。

为什么会这样呢？因为青春期的孩子内心很矛盾，他们先一步形成的成人感和正在慢慢走向成熟的内心是一对矛盾体，明明要呈现出一副成人的状态，可是实际能力却不给力，这对他们来说很丢面子！如何保护自己的面子呢？一方面他们加大声势展现自己的大人样儿，另一方面他们渴望父母以自己需要的方式来帮助自己长大。所以，青春期的孩子很害怕父母对其放任不管，毕竟他们还是孩子，还处于想走出而没有走出对父母的依赖的阶段。

做个孩子喜欢的朋友式"引路人"

青春期的孩子仍然依赖父母，这个时候，父母的管教权限虽然变得越来越小，但是管教孩子的责任仍然很大。

1. 一定不要说，你长大了，不需要我操心了

当孩子稍稍表现出对父母管束的挣脱时，父母就很敏感地捕捉到了孩子的成长信号，还来一句："你长大了，不需要父母了！"这让孩子内心很恐慌。要知道，父母说出这样的话是对孩子的一种讽刺，实际上他们没有长大啊！这样的话语，孩子会从中品出"遗弃感"，觉得父母不管他了。父母这么说，导致孩子内心的安全感降低，不利于他们走向独立。

2. 给孩子他们需要的青春知识

事实上，青春期的孩子还不能独立地在这个世界上生存，需要父母的帮助。比如，孩子面对青春期的生理变化很困惑，解答不了时，父母要帮忙。孩子在人际交往中受到伤害，不知道怎么办好时，父母要指点迷津。当孩子被某个异性吸引，不知道怎么处理时，父母要讲讲青春期的"恋爱经"等等。总之，青春期的孩子还需要从父母身上获得一些重要的支持，才能顺利成长。

举个简单例子：进入乳房发育阶段后，有的女孩会出现乳房疼痛的现象。这个时候，她们常见的表现就是猜测自己生病了，然后就上网查阅相关资料。即使她们很幸运地获得了解答，而且是她们期待的好结果，她们的内心也不一定能够安定下来。此时，妈妈站出来，告诉女儿，在 9 ~ 13 岁时，乳房处于发育过程中，有的女孩的乳房会有胀痛感，初潮到来后，乳房发育结束了，胀痛就消失了。孩子的心也就安定下来。

妈妈要注意，青春期的孩子隐私意识比较强，即使看出了孩子的心思，也不要当着大家的面直接说，而是要等到在私密的空间

里，只有母女两个人的时候，再安安静静地跟孩子聊。

如果父母觉得孩子小题大做，以漠视或者不在乎的态度对待他们的问题，内心敏感的青春期的孩子会觉得父母并不在乎他们，有事情就不愿意再跟父母说了。

3. 父母要摆正自己的位置

人到中年，做了父母的人每每回忆自己的青葱岁月，想到父母说过的曾被自己当成耳旁风的话，都会有另一番感慨：当年父母说的很有道理啊！特别感谢父母当年的逆耳忠言，不然，自己可能会走弯路。

由父母想到自己，父母只要摆正自己的位置，在孩子面前，做一个帮助者而不是监督者，选择合适的时机表达自己的看法，而不是制止、干涉、讥讽孩子的冲动和任性，那么，孩子也会非常愿意跟父母说说心里话。

04 青春期的孩子仍然需要父母的认可和鼓励

天已经不早了，可是李菊还没有出发。今天她要去参加好朋友的生日会，她面前摆着的用彩纸包裹着的盒子是她为好朋友准备的礼物——一个瓷茶杯。

李菊耗费了上亿的脑细胞，才有了这个别出心裁的创意。这个采用明清时期工艺做出来的茶杯，无比精致又古色古香，李菊觉得好朋友一定特别喜欢。临出门时，她又犹豫了，自己喜欢，好朋友就喜欢吗？更何况这个杯子是花几十块钱买的，对方会不会觉得品质差呢？那样的话，会不会伤及友谊呢？

这么想来想去，李菊又拿不定主意了，想着，要不就再买一个别的礼物呢？妈妈看出了女儿的心思，走过来说："这个礼物很合适啊！而且，是你亲自选的，你自己觉得合适就好了！礼物代表的是你的心意，心意到了，别的就不重要了！"李菊这才高高兴兴地出门了。

父母的支持让孩子拥有对抗压力的自信

2016 年，《家庭心理学》杂志上一项针对 362 名以色列少年的研究，发现能够从家庭获得陪伴、解决问题能力、情感支持的青少年在面对巨大压力时陷入抑郁的可能性比较小。

青春期的孩子在做事情的时候，有时拿不定主意，面对选择，不知道怎么办。即使有自己的想法，又担心不够完美，当他们犹疑不定的时候，特别渴望得到父母的建议。这个时候，父母不要嫌弃孩子不够成熟，对于青春期的孩子来讲，不够成熟已经足够让他们苦恼了。父母多多肯定和鼓励他们，使他们不至在失败的时候一蹶不振，建立起应对事情的自信。

1. 青春期的孩子容易迷失自己

青春期的孩子对现实的把握能力不强，难免眼高手低、去追求一些不切实际的梦想。而且，孩子进入青春期后，会有一种"主观焦点感"，在他们心中会有很多假想观众，他们希望被别人注意、发现，希望自己像舞台上的演员一样吸引眼球，希望自己成为身边人关注的焦点。青春期的孩子还认为自己很独特，身边的每个人都像他们自己一样对自己的思想、感觉和行为特别关注。

这样仿佛被置于镁光灯下的感觉令青春期的孩子看不清自己，他们失去对自己的客观认识后，容易在成功的时候忘乎所以，失败的时候一蹶不振。

2. 没有形成正确的"得失观"

任何一个人做任何一件事都不可能一帆风顺，遭遇失败很正常。受认知水平的限制，不同的人看待得失的角度不一样。看待得失的角度决定了接下来的日子是昂首前行还是止步不前。

父母要通过实例告诉孩子，世上没有真正的失败，特别是对于成长中的青春期的孩子来讲，失败只不过是少做了一次或者几次的结果，多做一次或者几次就成功了。此时的做不好并不是真正意义上的失败，只不过是不熟练的表现。

3. 他们的内心不够敞开

俗话说："一个好汉三个帮。"青春期的孩子更加需要帮手。当在学习上、社会交往上遇到难题，自己搞不明白时，可以向同学、老师、父母、朋友等请教，在大家的帮助下，问题基本上就能迎刃而解。青春期孩子面临的问题大多是成长性问题，解决起来难度不大。

但是青春期的孩子具有自闭性。很多时候，他们不愿意把心里的难处跟人说，他们觉得那些人不理解自己，也拿不准自己的想法会不会得到他人的认可，就把感受隐藏了起来。青春期心理的这种"闭锁性"，导致了青春期的孩子会把苦闷积累在心理，或者让不良的后果继续蔓延。

张倩是一名初二的女生，她的父母因为感情不和离婚后，她就特别怨恨父亲。她觉得她的父亲就跟电视上演的那些喜新厌旧的坏男人一样，抛弃了妈妈，让自己失去了家庭。从她的继母进门那天起，她就和继母做对，她想看到继母被折腾得苦不堪言的样子。可是，事后，自己也快乐不起来，偶尔还会偷偷哭泣。妈妈跟她解释父母离婚的原因，是双方感情不和，不是父亲单方面的过错，可她就是听不进去。

于是，妈妈请来了妈妈的同学，张倩跟这个阿姨关系很好。这个阿姨把张倩父母的情况跟她细细地讲清楚了，还讲了她继母的为人，从那以后，张倩内心平和多了。

多多支持、鼓励孩子

时至今日，鼓励已经成了重要的教育方式，因为鼓励能够给孩子一种"我能行"的认识，把他们从挫折的情绪中解救出来，让他们继续努力、追求进步。

1. 真诚地鼓励孩子

当青春期的孩子获取了成功后，父母最好鼓励一下，以督促孩子往更好的方向发展。但是，父母一定要记得，鼓励不是赞扬或者赞美，而是在肯定对方现有成绩的基础上，传递给对方一种能够更上一层楼的力量。像评论性的"你太棒了""你真牛"这类话语，对青春期的孩子来说听起来不够真诚，难以引发孩子情感上的共鸣。

父母鼓励孩子的时候，只需描述一下孩子的优秀表现，做了什么或者有多么努力即可，孩子会从内心深处产生一种自豪感，会觉得自己真的很不错！

杨华竞选学生会主席，成功了。杨华觉得这是对自己工作能力的肯定，而且这项荣誉还能在中考中加分。杨华有点沾沾自喜，言语间流露出了"官架子"，工作开始浮躁，也不怎么在乎学习了。父母了解到情况后，告诉他："当班长为同学服务可以锻炼组织能力，你做得不错。但学习这件事，也不能荒废啊！"起初，杨华并没有理解父母话里的深意。后来，他在工作中由于态度问题被同学孤立、学习成绩也不断下滑，才领悟到父母话里的深意。从而快速地调整状态，重新回到好学生的行列。

当父母指出孩子哪些地方做得好时，对孩子是一种很有效的鼓励，会让他们内心升腾起做得更好的愿望，而且他们会以超过当下的水平要求自己，将自己纳入进步的快车道。

2. 小时候没被积极评价，更要多鼓励

青春期的孩子如果在小的时候较少接收到积极的评价，长大后更容易缺乏自信。到了青春期，可能没有信心过好中学生活。对此父母更要多鼓励他们，帮助他们建立起应对人和事的自信。

孩子小的时候，他们对自己的认识主要来自于周围人特别是父母的评价，父母怎么看待孩子，孩子就怎么看待自己。父母说一句："这个孩子很笨，没出息。"那么，孩子就认定自己是个笨孩子。到了青春期，依然很依赖父母，不敢自己做决定，面对挑战就会觉得自己不行，往后缩。

面对这样的孩子，父母要放下恨铁不成钢的心态，更不要觉得孩子就是没出息，要多给孩子机会，让孩子做事。孩子每做好一件事情，自我效能感就能提升一次。不断地做事，综合能力就能获得提升，随之也就有了自信。

05 不能把教育任务让位给孩子的同龄人

张军一跟父母说，明天参加篮球赛，然后聚餐，回来的时候可能会很晚了，同桌家离球场比较近，晚上想住在同桌家。爸爸觉得，没什么问题，打完篮球一定特别累，住同学家是个不错的办法！妈妈见爸爸答应了，就没说什么。第二天，妈妈跟同桌的父母核实这件事，对方回复说他们是要住在另一个同学家里。

妈妈给儿子打了个电话，要求同学的父母接电话证实一下，否则，他不能住在同学家里。可张军说，同学的父母没在家，没法证实。妈妈坚持，没法证实就回家来。最后，张军乖乖地回家了，他有点责怪妈妈小题大做，父亲好像也这么认为。妈妈告诉他们俩："不说实话，就已经有问题了！你们在没有大人监护的情况下住在外边，万一出了问题呢？怎么办？我是你的妈妈，我要为你负责！"

和同龄人在一起，有利于成长

青春期是一个从家庭到社会的过渡期，在社会交往方面，他们的亲密关系扩大了，除了父母还有他们的朋友。他们喜欢和同龄人待在一起，渴望交朋友。青春期的孩子和同龄人在一起，有利于成长。

1. 促进了自我认识

青春期的孩子在一起，难免就一些事件进行评论，在这个过程中，既表达了自我的认识，也感受到了他人的思想，特别是当自己有了什么决定，而得不到父母支持、正在和父母对抗着的时候，说给朋友听听，可以开阔思路，没准能够使得自己的思想发生改变。

2. 不断地进行自我完善

美国社会心理学家利昂·费斯廷格在 1954 年提出了社会比较理论，即个体在缺乏客观认识的情况下，会将他人作为比较的尺度，来进行自我评价。

和谁在一起，眼睛里看到的就是谁。青春期的孩子和同龄人在一起，看到的就是同龄人的学习行为、品德发展、个人追求。他们会不自觉地把自己的表现与他人进行比较。每个人都有优势也都有不足，所以，在比较的过程中既可以看到同龄人优于自己的地方，也可以看到自己的不足，不自觉地就努力向同学看齐，努力追赶。朋辈教育就是通过这样的方式让青少年在同龄人中获得自信、并合理地完善自我。

3. 提供了情感支持

同龄人能够帮助青春期的孩子发泄悲喜、克服孤独，满足他们与他人建立和维持亲密关系的感情需求，让生活变得更充实。

在青春期的孩子正在形成的社会关系网络中，同龄人在其社会支持系统中较多地承担着情感支持的作用。他们觉得和同龄人心思比较相近，在心灵上更容易产生共鸣。

4. 增加了社会交往

同龄人中总会有一个或者几个能成为最亲密的朋友。在初中阶段，友谊的产生大部分是基于共同活动的基础，共同的兴趣爱好、价值取向、行为方式会让这些青春期的孩子成为亲密的朋友。他们一起参加校内外活动，共同面对成长任务，一同解决成长难题、习得交往方式，让彼此的社会生活更丰富多彩。

面对现实，看清同龄人指导作用的优势和有限性

不管同龄人对孩子的影响有多大，孩子的成长之路上多么需

要同龄人，父母都要明白，自己对孩子的养育责任都不容推卸。

1. 同龄人的指导作用有限

心理学家李淑湘、陈会昌、陈英和曾经采用结果访谈法研究了 6 ~ 15 岁孩子对友谊特性的理解，包括：个人交流和冲突解决、榜样和竞争、互相欣赏、共同活动和互相帮助、亲密交往五个维度。以上五方面几乎涵盖了社会化的大部分内容，由此可见，在青春期的孩子社会化的过程中，同班群体有着不可忽视的作用。

但是，这并不等于，青春期的孩子就不再需要父母的帮助和指导了。每一个青春期的孩子都处于"三观"建立、道德意识发展、社会化加速发展的阶段，大家都不够成熟，即便各有优势、互相弥补，也不足以达到理性、成熟的水平。他们仍然需要更成熟的人做他们的榜样，给他们以引导，这个人就是各自的父母。

2. 和孩子讨论

青春期的孩子之所以喜欢把问题抛给同龄人，关键在于大家可以一起自由讨论。没有权威，只有各自观点的自由碰撞，这很符合青春期的孩子追求平等、自由表达的心理诉求。而且，即使大家心中都没有确定的答案，只要大家积极发言，就能得出最后的结论。原因就在于，发言、讨论的过程，其实是一个整合思想的过程。

父母也不妨放下长辈的架子，和孩子一起讨论，你一句我一句地进行思想碰撞，谁的建议好，就听谁的。在这个过程中，孩子除了能感受到他们期待的平等外，还能体会到父母带给自己的安全感，从而更愿意努力，既然父母足够看重自己，那就要好好表现。

06 早恋苗头，别说破

妈妈在整理儿子书桌的时候，看到了一张美丽的卡片，浅绿的底色上飞舞着两只蝴蝶，一只粉色，一只蓝色，两只蝴蝶用力扇动翅膀飞舞在草丛中，鲜活生动！妈妈想："这臭小子，还挺会买卡片！"妈妈正想着要不要将此变成自己的私物时，一行小字映入了妈妈的眼帘：希望我们能够一起翩翩飞！落款是张小云。

张小云，妈妈知道，是儿子班里的一名女生，很漂亮，成绩也不错，妈妈很喜欢。但是，这是什么意思？儿子和她早恋了？妈妈蒙了，这怎么可以呢？做好朋友可以，谈恋爱是绝对不行的！儿子肯定看到了这张卡片，要不怎么会夹在书里呢？儿子是不是接受了呢？

妈妈在房间里踱来踱去，希望可以想出一个解决问题的办法，这要是恋爱了，多耽误学习，怎么办呢？去跟女生谈谈？不行，没有经过儿子允许，怎么能跟人家女生谈？问问儿子？万一儿子不说实话呢？一下午，妈妈就这么想来想去，到儿子放学，也没想出好办法。

父母态度：不允许孩子早恋

父母的态度应该很坚决，及早地告诉孩子早恋的弊端，然后表明自己的态度，不允许在中学阶段早恋，但可以有自己喜欢的异性，交朋友，没问题。

父母申明自己的立场要讲究方式，聊天的时候，顺带着说一嘴的效果不好。这样孩子会觉得父母并不在意这件事情，父母要郑重地跟孩子谈这件事情。告诉孩子，青春期的孩子容易早恋。随着身心发展，会出现对异性的爱慕心理，如果把这当成成熟的爱情，就会捅破窗户纸，确定恋爱关系。事实上，青春期的孩子还没有到恋爱的时节，不具备恋爱的条件。

到了青春期，喜欢某个异性，很正常。但是，中学阶段是学习知识的关键时期，要把主要精力放在学习上。而一旦发生早恋，就需要面对相处、分手、性安全、性冒险、同居、怀孕、父母的反对、老师的反对、同学的不理解等诸多复杂情况，要处理好这些问题，会牵扯很多精力，必然影响学习。中学阶段学习任务较重、竞争比较激烈，不全副身心地投入到学习中，难以把学习搞好，搞不好可能留下一辈子的遗憾。

父母早早把恋爱的利弊摆在孩子面前，并允许孩子有比较要好的异性朋友，保持对某个女孩的好感，那么，孩子懂得了父母的心思，就愿意控制自己，不早恋。

发现了与早恋相关的秘密，怎么做

当父母发现了孩子与早恋相关的秘密，怎么做呢？是直接去问孩子，还是根本就不管，放任自流呢？

1. 看到了，装作不知道

不管是发现了孩子的纸条，还是其他的信物，或者网络上看到了暧昧的聊天记录，父母都应该装作不知道，更不要轻率地找孩子谈。特别是，当亲子关系不是那种朋友式的关系的时候，孩子的逆反心理很严重，谈了反而会激发孩子的逆反心理，本来没想早恋，为了给父母点颜色看看，反倒早恋了。陷进去，局面就更不好收拾了。

如果看到别的孩子向自家孩子表达"爱意"，也不要去老师那里告状，搞得满城风雨，导致老师工作不好做，孩子情绪被搅动起来无法安心学习。父母不动声色，观察事态发展，再行动才有效果。

2. 不要私下侦察

即使父母怀疑孩子可能有喜欢的异性了，也不要为了发现孩子早恋的秘密，而刻意寻找蛛丝马迹，更不要私自查看孩子的物品。父母做了什么，孩子都能发现，一旦他们发现了父母不信任他们，就会提防着父母，一旦孩子真的早恋了，父母可能就会被蒙在鼓里了。

围绕早恋发生的故事并不少见，在电视上或者网络上看到闹得沸沸扬扬的类似事件后，利用茶余饭后的轻松时光，和孩子谈一谈感受，情景交融，孩子的感受会更强烈。一定要注意，不能借题发挥到自家孩子身上，敲山震虎就好了。

3. 不要相信道听途说的话

班级里有一些同学，喜欢给班里的同学"拴对儿"。他们见到哪个男生和女生接触频繁一些，借了个橡皮或者说了句话，就觉得他们交往密切了，就开始制造舆论，什么"谁和谁好了""谁对谁有意思了""谁和谁在一起了"。不管传播这些内容的孩子有什么样的心理背景，父母都不要轻信，更不要因此就跟自家孩子对证。要知道，那些"拴对儿"的孩子这么做有自己的企图，要么为了制造氛围为自己早恋提供方便，要么就是闲得无聊生事。

父母还是要默默地观察一段时间，如果孩子没有恋爱，而且对"拴对儿"的同学也很无奈，那么，就鼓励孩子去揭穿"拴对儿"的人。这样，不但可以让自己免于困扰，也可以让班里其他的孩子免于被"陷害"。

07 和小时候不一样的"疏"和"堵"

乔娟娟垂头丧气地走进家门，妈妈猜，一定发生什么事情了。自己得问问，万一想不开，出了事情怎么办？"怎么了？闺女。"妈妈问。乔娟娟扔过一句话："心情不好！烦！"妈妈说："一天到晚不是累就是烦，还有个年轻人的样儿吗？能不能有点精神头儿！"乔娟娟说："你有精神头儿，你精神着吧，我去躺着了！"说完，进了自己的房间。几天后，老师打来电话，妈妈才知道乔娟娟是因为学习成绩下滑而心烦。

和孩子沟通"宜疏不宜堵"

一提起教育，最常见的说法就是"宜疏不宜堵"，为什么宜疏不宜堵呢？堵，阻塞的意思，即使初衷是为了孩子好，但是会让孩子内心不痛快，那么孩子可能会不配合。疏，分散的意思，去掉阻塞使得畅通，父母善于疏导，孩子就愿意把心中的烦恼说给父母听。教育孩子如治水，如果无视孩子的天性和需要，只会把事情搞糟。

中国古代连年水患，百姓苦不堪言，面对滔滔洪水，鲧奉命去治理，鲧用"湮"法，愈湮愈决，不可收拾，结果"九年而水不息"，最后被放逐羽山而死。舜帝继位以后，任用鲧的儿子禹治水。大禹从鲧治水的失败中汲取教训，变"堵"为"疏"，结果消弭了水患，老百姓从高地迁回平川居住，一时生产繁荣，"钟水丰物"。

疏导与堵塞，都有各自的道理。对于水来讲，疏导顺应了水的天性，水有了适宜的去处，也就满足了人的需要。大禹把水导到了合适的地方，而不是淹没农田桑舍。堵塞的目的很明确，是为了不让水泛滥到农田桑舍里，不伤害人畜。可是，由于堵塞违背了水的天性，是在和水对着干，人的力量有限，哪里就那么容易战胜滔天大水呢？硬要和滔天巨浪对抗，岂不是损失惨重？

教育孩子如同治理洪水，宜疏不宜堵。

有的父母说，以前孩子遇到了烦恼，父母不问，孩子就主动跟父母说，得到父母的理解和安慰后，把问题解决了，事情就过去了。到了青春期，孩子不高兴了，父母问都问不出结果。也不知道当下的孩子怎么了，把父母当外人防着。连父母都信不过，还能相信谁？真的遇到了难题，怎么办？

按照心理特点来疏导

青春期是一个特别的时期。与生命中的儿童期或者成年期不同的是，进入青春期后，孩子的身心充满了不确定性，仿佛是一个混沌的状态，他们既不能安然地接受在儿童时期得到的那样的照顾，也不能像成人那样主宰自己的生活。那么，与青春期的孩子沟通时，父母该怎么疏导呢？

1. 青春期的孩子很纠结，他们很需要倾听

青春期的孩子内心充满了困惑，一旦解不开，就会陷入混沌状态。青春期必须从这种混沌状态中解脱出来，真正看清自己的现在和未来，搞懂自己努力的方向，才能拥有切实的理想，整合优势、弥补不足，并朝着未来努力。

当孩子内心纠结，情绪不稳定时，父母的倾听是对孩子最大的支持，是给孩子最好的安慰。对于青春期的孩子来讲，他们已经有了一定的理性水平，当他们用语言把内心的负性情绪表达出来以后，他们的理性就复苏。这个貌似疯狂的非理性的过程其实相当于做了一次冷静的分析，使得理性得到回归。孩子想明白了，反倒会

感谢父母。

2. 试着去描述问题

举个例子：周末，父母睡下后，儿子还在玩游戏，音响的声音很大，吵得父母无法入睡。此时，父母直接命令孩子把声音调小，不如描述问题，更能让孩子合作。为什么呢？

当孩子的某个行为有问题的时候，父母直接命令他们停止或者告诉他们应该怎么做，可能会激发他们的反抗情绪。如果父母很严肃地描述一下状况，然后表达一下自己的感受，一般情况，孩子会考虑到父母的需要，接受父母的建议。

在这个过程中，要给孩子一种"怎么做，你自己决定"的感受，这样，正处于"想要自主、独立"阶段的青春期的孩子就不会有对抗情绪，反而就能够考虑到父母的感受，改变自己的行为。

3. 试着打开孩子的心扉

当孩子情绪消沉，或者态度不好时，父母可以试着打开孩子的心扉，但是一定要记得，孩子不愿意说一定不要强求，而且，要说的话越少越好。

"怎么，看起来有心事？"父母这么问的时候，孩子愿意说就说，不愿意说也不要勉强，没完没了地问只会令其逆反，把嘴闭得更紧。当孩子仿佛没听到一样时，父母也不要感到受伤。毕竟，青春期的孩子的心理特点就是既闭锁又开放。他们不想说的时候，不勉强，他们想说的时候，就注意听。